第一次当主管

王勉　元苓◎著

地震出版社
Seismological Press

图书在版编目（CIP）数据

第一次当主管 / 王勉，元苓著 . -- 北京 : 地震出版社，2023.1

ISBN 978-7-5028-5480-5

Ⅰ. ①第… Ⅱ. ①王… ②元… Ⅲ. ①管理学 Ⅳ. ① C93

中国版本图书馆 CIP 数据核字 (2022) 第 158911 号

地震版 XM5278/C（6307）

第一次当主管

王勉 元苓 著

责任编辑：张 轶

责任校对：凌 樱

出版发行：地 震 出 版 社

北京市海淀区民族大学南路 9 号　　邮编：100081

发行部：68423031　68467991　　传真：68467991

总编室：68462709　68423029

http：//seismologicalpress. com

经销：全国各地新华书店

印刷：固安县保利达印务有限公司

版（印）次：2023 年 1 月第一版　2023 年 1 月第一次印刷

开本：710 × 960　1/16

字数：194 千字

印张：14

书号：ISBN 978-7-5028-5480-5

定价：55.00 元

前言

随着中国经济的持续增长、中小型企业的增加，如今的中国，越来越多的人在工作中担任管理者的角色。“恭喜你当上主管了！”这可能是每个在职场上的人都愿意听到的一句话，但是，在升任主管之后，不免出现新的担忧：我能胜任管理者的角色吗？我能成为一个好的管理者吗？

管理学是门复杂的学科，其发展历经工厂管理、当代组织管理、现代组织管理三个阶段。现在的管理学流派众多、理论纷繁复杂，新上任的主管们不免疑惑，一个非管理学专业的人，想要学习管理学知识，并且将学到的知识用以提升和改进自己的管理工作，到底应该怎么做呢？翻开这本书的你，请相信，《第一次当主管》就是答案。

本书以绩效管理为基本原则，为读者们介绍最经典实用的管理策略。多年来，绩效管理一直是管理学界和企业界最为推崇、影响力最广泛的管理方法。所谓绩效管理，是指各级管理者和员工为了达到组织目标，共同参与的绩效计划制定、绩效辅导沟通、绩效考核评价、绩效结果应用、绩效目标提升的持续循环过程，绩效管理的目的是持续提升个人、部门和组织的绩效。绩效管理的核心目的就是通过提高员工的绩效水平来提高组织或者团队的绩效。在绩效管理的过程中，员工通过参与设定自己的工作目标而具有自我实现的感觉；通过自上而下的分解目标，避免团队与员工目标偏离组织目标；一年中多次的评估与奖惩，实现组织对目标的监控实施，保证工作目标的按时完成。

绩效管理提供了一个规范而简洁的沟通平台，绩效管理改变了以往纯粹的自上而下发布命令和检查成果的做法，要求管理者与被管理者双方定期就其工作行为与结果进行沟通、评判、反馈、辅导，管理者要对被管理者的职业能力进行培训、开发，对其职业发展进行辅导与激励，客观上为管理者与被管理者之间提供了一个十分实用的平台。

本书整合了近几年国内外关于绩效管理的研究成果，结合近些年的经济和企业管理发展趋势，为读者呈现一部有理论、有具体方法的管理工具书。第一章讲述管理学的常识，让初级管理者们先具备理论基础，为之后的管理实践打下基础，有迹可循。接着具体讲述绩效管理的重点内容，从“打造领导的个人形象”“因材施用”“制订绩效目标”“掌握和下属的沟通方法”“巧妙化解冲突和危机”等方面手把手教会读者如何做一名优秀的管理者。

太过于复杂高深的管理学理论不一定适用于具体的管理工作，而本书的目的就是，尽可能让所有有管理需求的人了解最核心、最关键的管理学知识，并且能够把所学灵活运用到管理实践当中。我们相信，《第一次当主管》的读者们，一定能够从本书中找到您所需要的东西，衷心祝愿您学有所得，成为一名优秀的主管！

目　录

contents

第 1 章

管理的常识

管理是通过别人或者和别人一起使活动完成得更有效的过程。

——斯蒂芬·P.罗宾斯

管理的概念

什么是管理？这个概念既复杂又简单。

1916年，亨利·法约尔从管理的过程出发解释了管理的概念，他的著作对后来管理学的发展影响深远。当今最著名的管理学教材的作者斯蒂芬·P.罗宾斯在法约尔过程理论的基础上指出："管理是通过别人或者和别人一起使活动完成得更有效的过程。"

20世纪70年代初，亨利·明茨伯格将管理者的工作职责简化为十种角色：名义首脑、管理者、联络人、监听者、传播者、发言人、企业家、混乱驾驭者、资源分配者、谈判者。这十种角色可划分为三种类型：人际关系方面的角色、信息处理方面的角色、决策方面的角色。明茨伯格的研究帮助人们从管理者扮演的角色类型方面理解管理，同样令人耳目一新。

除了上述的经典表述之外，最简洁的定义是这样的：管理是通过别人完成任务的艺术。

这些概念理解起来并不困难，但真正在管理实践中付诸应用，却并不容易。

有一种经理被比喻为"枪头经理"，意思是说这种经理好像是战场上的枪头，冲锋陷阵总是冲在队伍的最前面。"枪头经理"精神固然可嘉，但却违背了管理的基本原则。如果一名经理事必躬亲，过于身先士卒，那必会滋生下属的依赖心理，有才能的下属也会因无法发挥才能而产生不满情绪，结果是累到半死还不讨好。

从管理的基本含义出发思考和行动，这既是对常识的尊重，也是在忙乱世界中的当头棒喝，能让管理者瞬间清醒。

笔者在大学求学时，曾经有一首广告歌曲很有名，歌词是这样的："说到不如做到，要做就做最好。"

课堂上，教我们管理理论的教授就这句歌词提问："请问大家，说到不如做到，做到不如什么？"大家七嘴八舌地为这个简单的问题给出了许多答案，诸如"做到不如想到""做到不如做好""做到不如做巧"等。

教授最后给出的答案是："做到不如让别人做到。"

是的，管理者的重要职责正是如何让别人做到！

感谢我的教授，他用特殊的方式让我们牢牢记住了管理工作的基本含义。

有效管理者

1990年，美国50家最大的上市公司总经理的平均现金报酬（工资加每年红利）为248万美元，到2000年，同样的统计数字差不多上升了50%。有效管理者的技能是一种稀缺资源，其报酬体现了市场对有效管理者工作价值的度量。

如何理解"有效"的含义？管理的有效性包含两方面的基本含义：第一是有效率，效率反映的是投入和产出的关系，例如投入相同的时间和金钱，获得的产出却不同，产出高的即为效率高；第二是有效果，效果与目标的实现相关，例如实现了正确的目标，就是高效果。有效管理是指效率高且效果好的管理。如图1–1所示，A区域的管理状态属于"有效管理"。

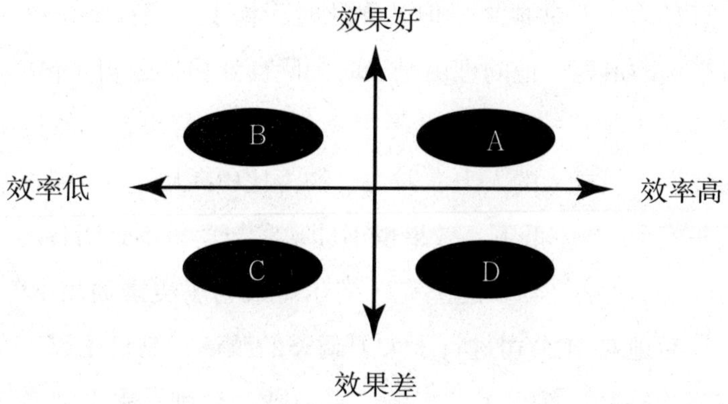

图1-1 你的管理有效性处在哪个区域?

管理者工作的有效性是相差不少的，有效管理者是指效率高且效果也好的管理者。那些高效率但低效果、低效率但高效果或者低效率低效果的管理者都算不上是有效管理者。

日本精工株式会社为了满足各种不同类型的细分客户对表的不同需求，曾开发出上千种更精确、更吸引人的手表，但很多产品由于需求量小，不能形成经济规模，无法降低成本，最终只能停止生产。这是典型的效果好但效率低的例子。

有一个经理被任命接管一个分公司，该分公司以难管理而闻名。这位经理上任后，进行了细致的调查，在半个月之内，重新规划了公司的管理规章和工作规范，对个别“刺儿头”职员，进行警告或者开除处理。这位经理的效率是高的，但不久之后情况却更为恶化，由于开除了不应该开除的员工，员工中的不满情绪严重，公司内的小团体开始活动频繁，他们有组织地给新经理制造麻烦。最后，经理要求总部调换自己的岗位，草草收场。该经理的管理是典型的效率高但效果不佳的例子。

日本的经营之神松下幸之助在世时，曾讲过他中止松下公司开发大型计算机的事例。20世纪70年代，日本的很多企业都制订了大型计算机开发计划，松下公司也在其列，投入了大量的人力，耗费数亿美元资金，进行了几年以后，开始有了一些成果。但就在此时，松下幸之助要求松下公司退出大型计算机市场的追逐。他的理由是当时国际商业机器公司（IBM）的大型计算机在美国市场上独树一帜，在世界市场上也独占鳌头，虽然松下公司也拥有这方面的技术，但投入的人力、财力、物力比IBM大得多，研发出来的技术却远比IBM的落后，效率低下，效果也不佳，参与竞争不是明智之举。

1981年4月，年仅45岁的杰克·韦尔奇成为了美国通用电气公司（GE）总裁。上任后他对GE公司进行了大刀阔斧的改革，制订了以三个产业群为核心的“三环战略”，提出了著名的“数一数二法则”去做业务选择，同时对GE公司内部的官僚作风进行了暴风骤雨般的打击。1990年后，韦尔奇的改革开始产生惊人的效果：1991年，GE公司销售额达602.36亿美元，是1980年的2.4倍；利润为44.35亿美元，是1980年的2.9倍；员工总数为28.4万人，是1980年的70%。韦尔奇的有效管理引起了全世界的惊奇，他被称为“全球第一CEO”。2001年他的自传出版后，在中国也创下了管理图书中的销售纪录。

不是所有的经理都能有机会当总裁，也不是所有的管理者都是有效管理者。所以，同样是经理，同样是管理者，但他们的管理结果——市场的金钱度量——也是不一样的！

策略型管理者

追求良好的业绩是大多数管理者努力工作的内在动力之一，但不同的管理者在追求业绩时的方式是有差异的。我们可以画一个坐标系，横轴表示管理者的管理水平，纵轴表示管理者花在管理活动上的时间。如图1–2所示：

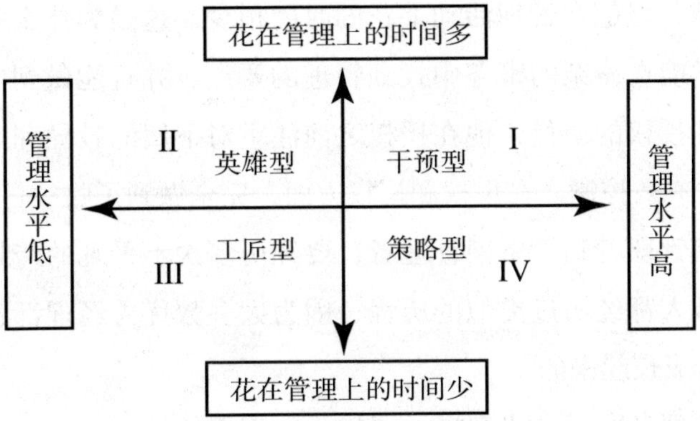

图1-2　四种类型的管理者

我们从第Ⅲ象限开始解释。

第Ⅲ象限的管理者管理水平相对低下，没有管理的感觉，也没有管理他人的强烈愿望，仿若一个修鞋匠，只想把自己手头的工作做得完美，主要是在自我管理。这类管理者被称为“工匠型管理者”。

第Ⅱ象限的管理者从自我管理开始尝试管理他人，花在管理上的时间很多，但管理经验和管理方法还不多，有强烈的管理的愿望，即使在很多时候管理措施不当，遭受挫折，也不会放弃管理。这类管理者被称为“英雄型管理者”。

第I象限的管理者开始找到管理的感觉，有了丰富的管理经验，形成了自己的管理理念或者方法，在大多数情况下，他的措施和方法都是正确的，要比他的下属高明。这时他在管理上花的时间仍然很多，他常常出现在很多个工作现场，常常一天要出席好几个会议，向他请示问题的人常常需要在他办公室门口排队等候，唯有如此，他才能做到对情况的全面了解，以便随时进行指导、纠正和把控，否则，他的责任心会使他寝食难安。在权力方面，他会有一些放权的尝试，但放权的结果往往是失败，最终还是要收回。这类管理者被称为“干预型管理者。”

第Ⅳ象限的管理者被称为“策略型管理者”，他的特点是管理水平很高，业绩卓越，但他在管理活动上花的时间很少。这是为什么呢？因为策略型管理者通常能在纷杂的事务中找到管理的要点，并且能做到向下属充分授权，为了保证授权的质量，他在授权之前注重对下属的教导和培养，在授权之后，能建立有效控制。在集权和授权方面，完全做到了收放自如。

从工匠型管理者到策略型管理者，要经历多次不平凡的跨越，相信大多数优秀的经理人都经历过类似的历程，因为大多数优秀经理都不是天生的，而是一步一步成长起来的。

策略型管理者同时向我们揭示了优秀经理们的另一个真相：他们不一定是废寝忘食的工作狂，相反，他们可能是经常出现在休闲娱乐场所里的逍遥客。

为绩效承担责任

从国外到国内，绩效管理现在热度很高，热度高的原因很简单，它提出了一套帮助管理者和职员改进工作业绩的整体方法和方案。

据报道，如何设计科学适当的绩效管理体系已成为当前中国企业面临的几大管理挑战之一。在管理挑战面前，越来越多的企业开始实行绩效管理，或请咨询公司，或自己动手，基本上都有了绩效管理的概念，但似乎许多企业都遭遇了一个同样的问题——绩效管理的方案迟迟推行不下去，企业花费了大量的时间和精力，却做了一堆无用功，结果员工害怕，经理也反感。

通过和一些实行过绩效管理的企业经理沟通，可以发现很多人对绩效管理的基本理念和认识还存在着误区。

首先，将绩效考评等同于绩效管理。

这是非常严重的错误认识，绩效管理是经理和员工一个持续的双向沟通的过程，在这个过程中，经理和员工就绩效目标达成协议，并以此为导向，进行持续的双向沟通，帮助员工不断提高工作绩效，完成工作目标。标准的绩效管理是一个由绩效计划、绩效辅导、绩效考评、绩效反馈四个环节组成的系统。绩效考评只是绩效管理的一个环节，只是对绩效管理的前期工作的总结和评价，远非绩效管理的全部。如果只把员工钉在绩效考评上面，必然要偏离实行绩效管理的初衷——形成绩效和改进绩效，依然解决不了职责不清、绩效低下、管理混乱的局面，甚至有越做越糟的可能。

其次，认为绩效管理是人力资源部门的事。

有一位企业总经理去国外考察，发现该国外企业很多部门都设立了绩效管理小组，感到很惊讶，因为在中国，绩效管理工作一般都是人力资源部门负责的。这位经理向外国同行请教，同行也很惊讶，你们中国的管理者不管理绩效，那管理什么呢？

的确如此，管理者要对绩效负直接责任。绩效管理是管理者和其下属之间的工作，人力资源部门主要扮演流程的制订者、工作表格的提供者和咨询顾问的角色，绩效管理的主角就是所有的管理者！

第2章

好主管要打造个人形象和领导风格

管理者应随组织环境及个体变换而改变领导风格及管理方式。

——保罗·赫塞

让正直和诚实成为领导者的底色

领导不是超人，我们不能指望领导完美无缺、全无瑕疵。但领导作为企业的管理者，理应给员工树立起典范。领导人的品德包括两方面：一是做人的基本准则，是从最基本的社会公德、个人品质的角度出发，正直和诚实占有很重要的地位；二是职业道德，是从领导作为一家企业的指挥员的角度出发。

美国管理学会（AMA）曾做过一项调查，由大约1500位管理人员列出他们最欣赏的部下、同事和上司所具备的品质。

他们总共列出225种品质，经研究人员整理后，归纳为15大项，分别是：

（1）气度恢弘（胸襟开阔、有弹性、能包容人）；

（2）有才干（有能力、有效率、做事彻底）；

（3）能与人合作（待人友善、有团队精神、能配合别人）；

（4）可靠（值得信赖、有良心）；

（5）有决心（工作勤奋、有干劲）；

（6）公正（客观、前后一致、民主）；

（7）富于想象力（有创造力、富有好奇心）；

（8）正直（可信、有人格）；

（9）聪明（灵活、善于推理）；

（10）有领导能力（能鼓舞士气、能决断、能指明方向）；

（11）忠诚（对公司或对政策忠心）；

（12）成熟（有经验、有智慧、有深度）；

（13）坦诚（不拐弯抹角、率直）；

（14）能体谅别人（关心别人、尊重别人）；

（15）能支持别人（能了解别人的立场并提供协助）。

这15大项中，属于道德品质范畴的有（4）（6）（8）（13）（14），属于职业道德范畴的有（1）（3）（5）（11）（15）。

同一调查表明，这些参与调查的人员认为上司应当具备的最重要的品质，一是“正直”，二是“有领导能力”，三是“有才干”。

正直和诚实是领导应具备的最基本的道德修养。美国政府曾做过一次针对领导素质的调查，要求接受调查的人就不同特点或能力对公司事业前途造成的影响力打分。参与调查的人都是公司管理人员。结果表明，“诚实”这种品质的得分最高，75.2%的人认为“诚实”对事业前途“极有影响”。“正直”和“诚实”，这是起码的道德准则。

用得体的语言展现领导的形象

毫无疑问，管理者的语言对维护管理者形象、树立管理者威信有着重要作用。管理者如何用自己的语言来赢得足够的威信是领导语言艺术的一个关键问题。

首先，让我们看看一名管理者应该怎样说话才能与他的身份相匹配。我们都知道，得体的语言对于任何讲话者的形象都非常重要，对于领导而言更是如此，如果能使得语言与领导的其他素质配合得当，就会使领导的形象更加完美，更加令人信服。

英国前首相撒切尔夫人具有令世人称道的仪表和风度，她是20世纪后期世界上最具魅力的政治人物之一。而她引人入胜的演讲风格，更为她树立了很高的国际威信。她在上任后的第一次讲话中这样说道："我是继伟人之后担任保守党领袖的，这使我觉得自己很渺小。在我之前的领袖，都是赫赫有名的伟人，如我们的领袖温斯顿·丘吉尔把英国的名字推上了自由世界历史的顶峰；安东尼·伊登为我们确立了可以建立起极大财富和民主的目标；哈罗德·麦克米伦使很多凌云壮志变成了每个公民伸手可及的现实；亚历克·道格拉斯－霍姆赢得了我们大家的爱戴和敬佩；爱德华·希思成功地为我们赢得了 1970 年大选的胜利，并于 1973 年英明地使我们加入了欧洲经济共同体。"

在这段讲话中，撒切尔夫人列举了近代史上英国历任首相的功绩，以此来表明自己的任重道远和豪情壮志。

1979年撒切尔夫人在大选中获胜，成为英国第一任女首相。在这样一个具有划时代意义的时刻，她在讲话中有一段这样说道："不论大家在大选中投了谁的票，我都要向你们——全体英国人民呼吁：现在大选已过，希望我们携手前进，齐心协力，为我们所自豪的国家的强大而奋斗。我们面前有很多事情等着我们去做，让我们一起奋斗吧！"

她的演讲使她成功地贴近了广大英国民众，增强了她在英国人民心中的归属感。

1987年她第三次连任英国首相，她的讲话已经变得充满斗志和霸气："我们有权利也有义务提醒全世界，英国再次信心百倍、力量强大和深受信任。我们信心百倍，是因为人们的态度已经发生了变化；我们力量强大，是因为我们的经济欣欣向荣，富有竞争力，而且在不断强大；我们深受信任，是因为世人知道我们是一个强大的盟友和忠实的朋友。"

从撒切尔夫人的演讲词中我们可以看出，作为首相，她一上任就表明了自己的目标，以增加全体人民对政府和自己的信心，并以此获得人民的拥戴。随着时间的推移，撒切尔夫人越来越倾向于表现自己的信心和领袖气质。这也进一步使得她在人民中的威信不断提高。

管理者以语言树立自己的威信，通俗说就是要使自己的话让下属相信并且信服，这样他们自然就会支持你，这就是威信。想要下属对你的话信服，你应至少做到如下几点。

（1）要平易近人。

这样有助于拉近你和下属之间的关系，培养归属感。

（2）要表现出作为一名管理者的远大志向。

使下属觉得跟随着你去奋斗是很有前途的。这样他们才有信心跟随你、拥护你。

（3）要显出作为一名管理者应有的霸气。

每位领导都应该有属于自己的威慑力，这样才能使得下属对你服从。这种霸气体现在领导的语言风格上应该是典雅庄重的。

但要记住，有霸气并不代表高高在上、盛气凌人。否则很容易失去人心。

（4）要给予下属积极的刺激与激励。

时常肯定下属的进步和优异表现，是一种不错的选择。这样下属会更加信任你，形成一种良性循环。

树立领导威信，重要的是显示出作为领导应具有的领袖气质。领袖气质是一种意气风发、舍我其谁的豪气。只有具有了这种气质，才能卓有成效地指导工作。下面我们以明朝的开国之君朱元璋为例，来看看什么是语言中的领袖气质。

朱元璋出身贫苦，当上皇帝后，经常会微服出巡，了解民生。有一次，他巡游归来，一行人马走到都城金陵郊外一个渡口等船渡江。正巧，一群赶考的举子们也在等船。

举子们见渡船尚未到，就在江边吟诗作对，切磋文采打发时间。朱元璋觉得很有趣，便静静地在一旁，听他们作诗。

当日江边风景十分壮丽，万里长江滚滚东流，苍茫的钟山在雾气中时隐时现，气势磅礴，偌大的燕子矶屹立于江岸，伟岸之极。

一个年轻举子凝视着眼前的壮美河山，吟道："燕子矶兮一秤砣。"

举子们听了都一致称赞道："这个比喻很是大气。"

朱元璋听了，笑着说道："此句子的气魄如此之大，恐后难以为继啊！"

大家听了一想，的确如此，把这么大的一座燕子矶仅仅比作一个秤砣，那秤杆、秤钩可得是什么呀？即使勉强凑出这么大的秤，又去秤什么呢？

大家面面相觑，不知如何作答。

朱元璋见状大笑，说道："我来试一下。"说完，便吟道，"燕子矶兮一秤砣，长虹作杆又如何？天边弯月是钩挂，称我江山有几多。"

举子们听罢后个个目瞪口呆，能写出如此气吞山河之气势的诗作的人只可能是当今万岁，于是，举子们纷纷下跪拜见皇上。

从这个故事中，我们可以看出一名领导可以用语言表现出自己应有的气势来，而且这种表现在很多时候还是无意的。只要你有领导的威信，就会在语言中自然流露出管理者的气势。

管理者的威信是群众发自内心地对管理者信服的一种真实感情，是一种由衷的敬佩与信任，是管理者的言行对下属的影响所产生的一种共鸣。树立威信，管理者就应该在讲话中时刻注意下属们尚未发现的问题，言谈举止中要有个人魅力，处处起表率作用。而且还要根据不同对象和不同环境发挥自己的讲话技巧，切忌态度高傲、目中无人。要把接近下属当成自己的日标，这样才会有好的效果。

树立威信才能赢得下属的尊敬和服从

管理者在下属中的威信是经由自己的言行树立起来的。与下属谈话不是朋友之间聊天，如果与下属谈了一小时的话都没有说出一句决策的话，那这场交谈就是无效的。

一个没有主见、被人左右的领导无法得到下属的尊敬与服从。所以领导必须维护自己的威信，好的领导在与下属交谈时，应摆出兼收并蓄、取长补短、互相切磋、求同存异的姿态。碰到情况不是忙于下结论，忙于批驳对方，而是以姿态低，但主导性很强的话说出自己的看法，比如：

“你的意见还是不错的，但是如果换一个角度看，会怎么样？比如……”

“我的想法和你不同，我们可以交换一下意见吗？”

“嗯，让我考虑一下，我们可以明天再谈这个问题。”

这样的话语不失威严而且易于被部下接受。

管理者的威信可以在平时的说话中得以体现，对于自己权限范围内可以决定的事，要当机立断，明确“拍板”。比如车间工人上班经常迟到早退，不听调配。对于这种违反纪律的行为就应果断决定“停止工作，等岗留用”。如果下属向领导请示某动员会议的布置及议程，领导认为没有问题，就可以用鼓励的委婉语气表达：“知道了，你看着办就行了”。这种表述既给了下属支持与鼓励，也给了下属行动的权力。

在与下属谈话时，应该让下属充分地把意见、态度都表明，然后再说话。让下属先谈，这时主动权在领导一边，可以从下属的汇报中选择弱点追问下去，以帮助对方认识问题，再谈自己的看法，这样易于让对方接受。让下属先讲，自己思考问题，最后决断，后发制人，更有利于表现领导的说话水平。

除了讲话者本人的身份以外，讲话的方式也十分重要。领导说话就要像个领导，一个会说话的领导不用出示名片，完全可以通过自己的说话方式告诉别人他的身份。

领导说话首先要言简意赅、长话短说，作为领导，没有必要事事向下属解释清楚，有时句子说得短一些，不仅说起来轻松，听起来省力，吸引力也强。

领导一定要最后出场讲话，说话时将重点放在后面，愈能显出所说的话的重要性。尤其中国人是最具有“重点置之于后”的心理因素的，所以领导不能抢着说话，越是最后说话越有权威。

领导要学会用幽默的风格讲话。幽默的话，易于记忆，又能给人以深刻印象，正是自我标榜的商标。尤其在工作场合，一般是不适宜开玩笑，但是如果领导能够恰当地开几句玩笑，恰恰说明他的特殊地位。

领导说话一定要有条理，要吐字清晰，语速适当。在说话时要坚定而自信，力度要适中，注视着对方的眼睛，这样才显示自己是充满自信和有能力的。如果讲话时眼睛不敢正视，会使下属觉得这个领导意志薄弱，容易支配。

在会议时，领导说话开口前先等几秒，等大家都望着你时再说。强调时一定要运用手势，不过不可以指着下属的脸晃动手指。讲话慢而清晰，语言简短，等于告诉下属：我有能力控制一切。

主管态度明确，指令才会执行到位

当领导对有关工作、事务做出安排、指示后，下属并没有立即全力以赴地遵守、执行，而是向你诉苦，希望照顾和适应他的个别情况。这时就需要你果断做出指令，确保工作顺利展开。

1. 坚持决定，绝不迁就

任何一名领导，在对有关工作做出安排时，都无法事事人人照顾周全。

这时如有下属诉苦，你就应从一名管理者的尊严和权威出发，坚持决定，不轻易改变，以确保“政令畅通”。

小李本是图书管理员，工作清闲、舒适。有一天，领导突然对他说：“小李，以后图书管理员的工作由别人来干，你去办公室，担任电脑操作员吧。”小李很不情愿，找领导诉苦，说：“领导，我对图书馆工作非常有热情，对业务熟悉，但是对电脑一窍不通，也无热情。而且自己身体不太好，难以胜任烦琐的大负荷的工作。您还是让我继续留在图书馆当管理员吧。”领导听后，态度明确地告诉小李：“这已经决定了，先执行吧，有问题以后再调整。”

2. 避其锋芒，冷静处理

有些下属在得知领导的安排后，自己不满意，产生了不满的情绪，执意向领导诉苦。这时，你可采取冷静处理的策略。

某单位一段时间事务陡增，人手短缺，领导想到了一直病休在家的小王。领导知道她需要多休养、多调理，但又觉得让她做一些轻松的工作比闷在家里更有益于健康，于是决定让小王上班。可是小王不能接受，感到有一肚子委屈要向领导说清楚。领导看出了小王的心情，一方面热情接待，另一方面又采用岔开话题、打趣说笑等方式避开正面冲突、淡化矛盾，进行冷处理。

领导的这种对策有利于因势利导，赢得主动。

3. 有理有据，耐心疏导

面对下属的“诉苦”，领导应首先讲明自己做出决定的根据和理由，从而赢得下属的理解和认同。

李琳被从原岗位调入宣传办。这本来是好事，李琳心中也很感激，但又有自己的苦衷：一是她对文字工作很不熟悉，怕辜负了领导的期望；二是她有一个隐情，宣传办主任与她素有嫌隙，与他共事恐难有好的合作，所以去找领导诉苦。领导了解后对李琳说："小李，我听说你很有文字基础，只要努力，完全可以胜任工作，至于主任对你态度如何，我已做过充分的了解，我可以向你保证，你的担心是多余的。"

至此，李琳的不安烟消云散，开开心心接受新的工作。

4. 仔细倾听，分别对待

领导要防止因维护自身的权威性，而表现出武断情绪。要认真倾听下属的申诉，再对情况加以区别对待，可解释的做出必要的解释、疏导，疏误之处积极地调整和纠正。

小于年轻有为，进取心强，领导有意培养他，便把小于列为下派干部安排到艰苦地区工作。小于虽然很乐意，但又有顾虑。他对领导说："我同女友的恋爱关系正面临着挑战，她的母亲认为我太呆板、老实，不是理想的未来女婿。这个时候要是我又离开城市到乡下工作，那我们会面临更大的压力。"领导认真倾听了小于的苦衷，说："原来是这样啊，这是我事先不了解的，但是组织上很想培养你。我看这样吧，你不用去那么远的地方，去离这最近的县城吧，这样每周末都可以回来，你看怎么样？"

小于的领导从关心下属的角度出发，做了灵活处理，既没有违背原则，又照顾了实情，让小于感激不已。

5. 引用榜样，激其斗志

当下属向你诉苦的时候，你可以把别人克服困难、圆满完成使命的事例宣传给诉苦的员工，促其从自己的"泥潭"中跳出来，努力工作。

小刘家在外地，来回往返很困难。但领导却根据工作需要，把小刘安排在时间要求很高的岗位上，以致双休日也难以及时回家。小刘为此向领导诉苦。领导一方面对小刘表示理解，另一方面又讲了小王的事。领导说："小王的丈夫因公辞世，一个女子带着个才几岁的女儿生活，但她却克服困难，努力工作。要说她的苦比谁都多，可她从不提个人困难。”

领导这一说，小刘心服口服，颇感惭愧，当即表示要努力工作，不负领导的希望。

消除员工的怨气要“对症下药”

管理者经常要面对下属的牢骚、怨气。如果下属的牢骚话有一定的道理，管理者应引起重视；如果下属的牢骚话纯属争一己私利，发泄个人怨气，管理者也应做好疏导说服工作，不可听之任之。那么，当下属发牢骚时，管理者怎么说话才更恰当呢？

下属有怨气、发牢骚，往往情绪冲动，理智常常为感情所左右，此时较好的方法是采用冷处理的策略，这是一种缓兵之计，可以缓解矛盾，赢得时间了解真实情况，寻求解决问题的方法。

某公司职工老张，在年终评比后找到人力资源部的李部长发牢骚，他情绪激动地说：“我们这些人只会老老实实凭良心干工作，不会表功。可是公司评先进也不能总是评那几个‘荣誉专业户’，我们这些老员工难道就不先进了吗？”

李部长给老张倒了一杯茶，说：“老张，你的心情我完全理解。等我了解一下情况一定给你一个满意的答复。”老张见李部长这样说话，气消了一些，坐下来，心平气和地谈了他的看法，同时汇报了他一年来的工作情况。老张干的工作有一些确实是公司领导层不知道的，后来，李部长通过调查了解证明属实，经公司董事会研究，决定增加名额，把老张也评为先进员工，并补发了奖金。

发牢骚的下属看问题的立足点往往只在自身，缺乏全局观念，往往比较片面、偏激。部门领导对这样的发牢骚者进行说服，可以运用两分法，剖析事物的辩证关系，明辨是非，全面地看问题，帮助他们正确认识自己，正确对待别人，从而打开他们的心结。

某公司采购部员工刘先生在专业技术人员年度考评中没有被评为“优秀”，心里不服气，就找公司的陈经理发牢骚说：“我一年来按时上班，风雨无阻，圆满地完成了公司的采购计划，还为公司节省了不少开支，为什么我就不能被评为‘优秀’？”

对此诘问，陈经理耐心地解释道：“不错，您确实是一名尽职尽责的好同志，出勤好，履行职责也到位。按公司的规定，您可以得到满勤奖金和采购部员工的岗位津贴。但是，专业技术人员评优，不仅要看平时工作态度和履行职责的情况，还要看是否有建树，评上优秀的几位同志，在这方面都做得较好。如果来年您在这方面再努力一点，我认为您还是很有希望的。”陈经理的一番话，说得老刘心服口服。

从上面的例子我们不难看出，对于发牢骚的下属，做领导的要区别对待，要根据下属的不同特点采用不同的方法。对那些有一定能力，但对目前状况不满的发牢骚的下属，不妨运用激将法，有目的地用反话刺激对方，使对方从自我压抑中解脱出来，代之以上进心、荣誉感、奋发精神。

还有些下属私欲极强，一点不如愿便满腹牢骚，领导多次说服也难以奏效。对这种人，可以让他当众说出他积怨在何处。这种办法，可以克制某些人的私欲。

某公司助理小周总感到自己工作干得不少，可钱却没多拿，吃了亏，并且有职无权，说话不算数，因而常发牢骚。有一次，他又当众发牢骚说：“我人微言轻，只有虚名，而无实质内容，名义上是在管理层，实际上什么事也管不了。”

正好主管路过听到了，他反驳道："小周，你说你只有虚名，而无实质的内容是什么意思？你说你只是名义上的干部，实际上什么事也管不了，请你说说，你要的是什么样的实权呢？有意见可以向公司反映，不要老是牢骚满腹，你有什么要求，打个报告上来，公司研究一下，如果合理，自然会采纳。"

小周自知理亏，无言以对，只好默默接受批评，当然不敢打什么报告，以后再也不敢胡乱发牢骚了。

维护自身形象，及时阻断流言

社会人类学家、英国牛津社会问题研究中心的董事凯特·福克斯认为："人类在办公室里、互联网上或者电话中传播流言蜚语，就像黑猩猩和大猩猩相互梳理毛发一样正常。"她还说："尽管流言有时令人生厌，但是在人类所有的交流之中，超过三分之二的内容都是流言。"

在中国也有"众口铄金，积毁销骨"的说法，照这位人类学家的说法，我们几乎每天都生活在"唇枪舌剑"之中。信息技术的发展，尤其是互联网的广泛应用使得流言的传播更加容易，尤其是在办公室这种复杂的人际关系背景下。那么，作为企业的领军人物，应该如何应对，是任其传播下去，还是主动出击呢？

也许很多领导会选择任其自生自灭，因为他们相信"假的真不了"，但如果一旦流言蜚语扰乱了大家的心情，降低了大家的工作效率，甚至导致工作没有完成而影响了利润，不明真相的上司会对你的工作和为人产生异议。这个时候你还能坐视不管吗？答案当然是不能，那么你就要主动出击，不过，这种主动出击，还是要讲究策略的。

大学毕业刚两年的冯蕾因工作能力强、业绩佳，很快被提升为所在部门的主管。正当她准备大展才能时，意想不到的事发生了。近半个月来，她发现办公室里的下属们在工歇之余总是交头接耳地议论着什么，而她一走近，大家便都打住话头，各干各的事儿了。冯蕾意识到下属们议论的内容肯定与她有关。忙于工作的她开始并没有在意，直到有一天，她在公司的内部论坛上看到了一些含沙射影地评论自己的帖子："有些人凭着自己长得漂亮，刚到公司没多久就被委以重任。""有些人打着到外地考察的幌子，拉着总经理出去闲游。"对这些流言蜚语，震惊之余，冯蕾觉得一定要采取些有效的行动才行。

她觉得这些流言伤害的不仅仅是自己的名誉，也在一定程度上打击了员工的士气，更影响了高层的正常工作。

于是，冯蕾先是通过一些渠道找到了那些散布流言的人，与他们进行了单独的谈话。

冯蕾："小张，我最近在论坛上看到你曾说过这样一句话，平心而论，你真的是这么想的吗？我很想知道你的真实想法，也愿意和大家私下谈谈，尽量在最小的范围内解决这个问题。"

小张："冯姐是不是误会我了？我可什么都没说啊。"

冯蕾："你不承认也没关系，但愿是我误会你了。要想不再发生这种误会，希望以后有事情、有意见我们直接交流。如果今后再听到类似的闲言碎语，我会请公司出面解决问题。因为这样的言论不但对个人不利，对公司其他员工也只有坏处没有好处。相信公司是不会任由这种流言到处乱飞的。"

接下来，她又找到公司主管人力资源的副总郑明，商量对策。

冯蕾："郑总，论坛上的帖子您都看到了。我觉得我们不能放任这种言论发展下去。因为受害的不只是我个人，从帖子上我们可以看出来，有些人觉得公司高层乱搞关系，不凭能力用人，自己干得再好也没有用。这种想法是很挫伤员工积极性的。”

郑明：“我这几天一直也在想这个问题。你有具体的建议给我吗？”

冯蕾：“能否请人力资源部门召集员工开个会，我个人在会上做个声明，请您作为公司管理层，在会上重申一下公司对造谣生事者的惩戒机制，我看到公司在对员工的绩效考核中也有这一项的，我们不妨在这个时候给大家提个醒！”

郑明：“这是个不错的想法。”

冯蕾：“我知道，产生这样的流言，也反映出有些人确实对我的工作能力持怀疑态度。对此，我个人会尽最大努力，拿出最好的工作业绩来。但我也想请郑总作为公司的管理者出个面，给大家提个醒，流言与诽谤对大家具有同样的破坏性，没有一个人可以幸免。”

事情的发展果然像冯蕾预料的那样。风雨过后见彩虹，经历了办公室流言的洗礼之后，冯蕾更加成熟了，工作业绩也有了更大的提高，在同事和下属中赢得了支持。冯蕾也由此得出了一些体会：在流言面前要保持镇定，积极寻求沟通，切忌暴跳如雷，大吵大闹，或者消极地等待其自生自灭。

承认错误，比为自己争辩还有用

管理者也是凡人，不可能不犯错。我们不怕犯错，不怕认错，怕的是认错不当而错上加错。当你错了，就要迅速而坦诚地承认。

美国的戴尔电脑公司是一家跨国大企业。戴尔公司在2001年曾搞过一次调查，调查显示，有高达半数的下属表示一有机会就将跳槽。很吃惊吧，这是为什么呢？因为，下属认为总经理戴尔不近人情、感情疏远，对他没有强烈的忠诚感。不过，大部分下属还是留了下来，一年又一年地咬着牙推着公司快速成长。那这又是为什么呢？这般惊人的成就与内在的矛盾并存，令人不得不思索——迈克尔·戴尔除了以“直销”赢得盛名之外，他还有什么过人之处？其实，戴尔并没有什么高招，只是坦然承认自己的错误并加以改进。

戴尔在2001年就曾对手下20名高级经理认错：承认自己过于腼腆，有时显得冷淡、难以接近，承诺将和他们建立更紧密的联系。下属对“极度内向”的戴尔公开反省非常震惊——如果戴尔都可以改变自己，那么其他人有什么理由不效仿呢？戴尔以下属为镜，照出都是腼腆惹的祸，腼腆是错误吗？戴尔的回答是：“如果下属说是，那就是。”“认错要认下属眼中的错，不是认自己脑中的错。”

对于这样一家跨国公司的老板来说，认错远比我们想象的困难得多，但是他做到了，而且做得非常好，那么我们又有什么理由不去做呢？

当然，认错要选择合适的时机、对象和方式，不是怎么方便怎么来，一般来说越快认错越好。戴尔知道调查结果后一周之内当众认错。至于对象，原则是伤害了什么人就向什么人认错。认错要用最能传递诚意的方式，不是用你喜欢的方式。

《芝加哥太阳报》（Chicago Sun-Times）主笔丹诺先生在读稿时，常常喜欢把自己认为重要的几段用红笔勾出，以提醒排校人员“切勿将它遗漏”。

但是有一天，一位年轻的校对员偶然读到一段文字，也是被用红笔勾出的，上面大致是说：“本报读者雷维特先生送给我们一个很大的苹果，在那通红美丽的皮上露出一排白色的字，仔细一看，原来是我们主笔的名字。这真是一个人工栽培的奇迹！试想，一个完整无缺的苹果皮上，是怎样露出这样整齐光泽的字迹的呢？我们在惊奇之余，多方猜测，始终不明白这些奇迹是怎样出现在苹果上的。”

那名年轻的校对员很聪明，他读了这段文字后不禁笑起来。因为他知道这些苹果皮上的字迹，只要趁苹果还青着的时候，用纸剪成字形贴在上面，等苹果发育成熟变红时，将纸揭去就行，这根本只是小朋友的恶作剧而已。

所以，这位年轻的校对员心想，这段文字如果登了出来，必将被人讥笑，说他们的主笔竟会愚笨至此，连这样一点小“魔术”也会“多方猜测，始终不明……”因此，他便大胆地将这段文字删掉了。

第二天一早，主笔丹诺先生看了报纸，立刻气呼呼地走来，向他问道：“昨天原稿中有一篇我用红笔勾出的关于‘奇异苹果’的文章，为何不见登出？”

那位校对员诚惶诚恐地把他的理由说明后，丹诺先生立刻十分诚挚和蔼地说：“原来如此！是我错了，我向你道歉，你做得十分正确，以后只要有确切可靠的理由，即使我已用红笔勾出，你仍不妨自行取舍。”

戴尔和丹诺坦然承认错误的事例值得借鉴。很多时候，坦然承认错误不仅能产生惊人的效果，而且在任何情况下，都比为自己争辩有用得多。身为领导更应该熟练掌握这门艺术，保证你在工作中如鱼得水。

循循诱导，让下属轻松地说出心里话

作为一名企业的领导，仅仅通晓管理的理论知识是不够的，还要有娴熟的领导艺术。因为在企业中，下属是直接接触具体业务的人。具备与下属交往的能力，与下属的谈话是领导艺术中的一门必修课。作为领导，必须努力“套”出下属的心里话，了解下属的思想动态才能进行卓有成效的管理。

松下幸之助是一个坦诚直率的人，因此他也希望员工同样有自主性，同样坦诚直率，从而在公司形成一种自由豁达的风气。

松下公司员工必须遵守公司经营理念的要求，在此基础上，每一名员工都不必唯命是从，可以自由发挥自己的判断力，而不是采取消极的态度。松下说：“员工不应该因为上级命令了，或希望大家如何做，就盲目附和，唯命是从。”

在松下的企业里，允许员工当面发表不同意见以及不满。以前，松下电器的员工分为一、二、三等和候补四级。有一位迟迟未获升迁的候补员工对自己的境遇十分不满，所以就直截了当地对松下说：“我已经在公司服务很久，自认为对公司有了足够的贡献，早已具备了做三等员工的资格。可直到现在，我也没有接到升级令。是不是我的努力还不够？如果真是如此，我倒愿意多接受一些指导。其实，恐怕是公司忘了我的升级了吧？”松下对此非常重视，责成人事部门调查处理，不久就为这名候补员工办理了升级手续。

松下鼓励大家把不满表达出来，而不是闷在心里。这样就不会增加自己的内心痛苦，对公司也是很有好处的。

松下从不限制员工越级提意见或提建议，即使普通员工，也可以直接向社长，而不是他的直接上级反映问题，表明主张。所以他提醒那些高层干部，要有这种心理准备，对此要有欢迎的姿态和支持的行动。松下认为，公司既然是大家一起经营的，就应该由大家来维护，无论哪一环出现波动，失去团结，都会影响企业正常的运转。

曾经有一位员工被批发商狠狠骂了一顿，说松下的电器质量不过关。如果在其他公司，这名员工很可能只是向他的上司发发牢骚，甚至不做任何汇报。但是这名松下的员工如实地向松下幸之助报告了。随后，松下就亲自拜访了这位批发商并表示歉意。批发商因为一时的怒气而发了一通牢骚，不料却引起社长亲自拜访，非常不好意思。自此以后，松下公司与这家批发商的关系密切多了。

科学技术在飞速发展，社会化大生产的整体性、复杂性、多变性和竞争性，决定了领导单枪匹马是肯定不行的。面对纷繁复杂的竞争市场和企业文化，任何个人都难以做出正确的判断，制订出有效的决定方案。因此，学会让下属说出心里话是非常重要的。领导能否做到有效而准确地倾听信息，将直接影响与下属的深入沟通以及其决策水平和管理成效，并由此影响企业的经营业绩。

在日常工作中，管理者的倾听能力非常重要。一位擅长倾听的领导将通过倾听，从下属那里及时获得信息并对其进行思考和评估，以此作为决策的重要参考。

美国著名化妆品企业玫琳凯公司的创始人玛丽·凯女士也深谙此道，她的公司已拥有20万名员工，每个下属都可以直接向她陈述困难。她也专门抽出时间来聆听下属的讲述，并做详细记录。对于下属的意见和建议，她都会在规定的时间内给予答复。

在很多情况下，倾诉者的目的就是倾诉，或许他们并没有更多的要求。日本、英国、美国一些企业的管理人员常常在工作之余与下属职员一起喝咖啡、闲聊，就是让部下有一个倾诉的机会。

众所周知，成功的管理者，通常也是优秀的倾听者。做一位永远让人信赖的领导，最简单的方法就是让下属说出他们的心里话。

第3章

优秀主管的选人、用人之道

让员工集中精力做能发挥他优势的事。

——盖洛普公司

不要把注意力集中在改变人的弱点上

美国盖洛普公司以民意测验闻名于世，尤其是在每四年一度的美国总统大选之前，这家公司的民调数据，是人们了解选情变化的重要依据。实际上，这家公司真正赚钱的业务，是为国际超大型公司提供人力资源的评测、咨询和培训业务。

盖洛普公司通过一套事先设计好的问卷，访问了大约一百万名员工和八万名经理，其中不乏杰出人才，他们想知道一流的管理人员到底给他们的下属施展了什么魔法。

他们得出的一个根本性的结论是：人的本性难移。

这绝对不是新发现，但却极具价值。因为这一古老的忠告，早已被当今的管理人员抛却脑后了。而且，无论是成功者的经验，还是学者的理论，抑或是哈佛商学院的核心课程，都在放大一个管理的假象：成功的管理者可以影响和改变别人的绩效。

盖洛普公司认为，有效的管理方法和技术的确可以帮助管理者改善下属的绩效，但这一切，都没有发现人的才干，然后因才施用的效果好。

盖洛普的研究人员讲了一个寓言来说明他们的真知灼见①。

从前，有一个地方住着一只蝎子和一只青蛙。蝎子想过池塘，但不会游泳。于是，它爬到青蛙面前央求道："劳驾，青蛙先生，你能驮着我过池塘吗？"

---

① （美）马库斯·白金汉，柯特·科夫曼，《首先，打破一切常规》，P70，中国青年出版社，2002年5月第一版。

“我当然能。”青蛙回答，“但在目前情况下，我必须拒绝，因为你可能在我游泳时蜇我。”

“可我为什么要这样做呢？”蝎子反问，“蜇你对我毫无好处，因为你死了我就会沉没。”

青蛙虽然知道蝎子是多么狠毒，但又觉得它说得也有道理。青蛙想，也许蝎子这一次会收起毒刺，于是就同意了。蝎子爬到青蛙背上，它俩开始横渡池塘。就在它们游到池塘中央时，蝎子突然弯起尾巴蜇了青蛙一下。濒死的青蛙大喊道：“你为什么要蜇我呢？蜇我对你毫无好处，因为我死了你就会沉没。”

“我知道。”蝎子一面下沉一面说，“但我是蝎子，我必须蜇你。这是我的天性。”

这个寓言中的青蛙，是一部分管理人员的象征，他们相信人性是可以改变的，只要下功夫，任何人可以干成任何事。他们通过制订管理制度和规范来限制人的不良倾向，又通过培训来教人掌握各种需要的技能。事实上，这方面努力的作用，是有限的，因为改造一个人是有限度的。

盖洛普认为，与其把最多的时间和精力用于改造一个人，还不如顺应人的天性，尊重人与人天性的差异，发挥各自独特的优势，把最多的时间和精力用于发现人的才干。

盖洛普的发现，在成千上万的经理人中间产生了共鸣，成为他们奉为圭臬的真知灼见：人是不会改变的，不要为填补空缺而枉费心机，应多多发挥现有优势，做到这一点已经不容易了。

盖洛普对管理人员的忠告是：

（1）帮助每个人发挥其独特优势，而不是弥补其弱点。这颠覆了传统管理中的“短板理论”，告诫管理人员不要把注意力集中在改变人的弱点上。

（2）盖洛普的理论是“让员工集中精力做能发挥他优势的事”。所以，我们在给每个岗位选择人的时候，就要根据优势理论选择对的人。个人优势能够发挥，就是最大的人性管理。

每个人都有不同的才干

什么是才干？

人们看到克里斯蒂亚诺·罗纳尔多在足球场上轻松过人射门进球的时候，看到“老虎”伍兹在高尔夫球场上屡次夺冠的时候，会做出相同的反应：他们都是天才！他们的才干是上天赋予的，他们跟我们不一样。

天赋就是才干吗？盖洛普发现优秀的经理人对此持反对意见。他们认为：“才干是一种贯彻始终，并能产生效益的思维、感觉和行为模式。”这里的关键是“贯彻始终”，你的才干就是发现你自己经常做的事情。才干不是那么神奇的事情，而是每个人都具备的。善于说服人是一种才干，讲笑话能把人逗乐是一种才干，能保持对问题的长期兴趣是一种才干，能快速记住别人的名字是一种才干，能快速打字是一种才干……

有时候，才干和技能看上去很像，其差异在于每个人的“过滤器”是不一样的。所谓“过滤器”，是指人对周围世界做出反应的特殊方式。

你的过滤器告诉你哪些刺激应该注意，哪些可以不理；告诉你什么应该爱，什么应该恨；它决定你内在的动机，你喜欢竞争还是和谐，你考虑别人的感受还是以自我为中心；它决定你的思维方式，是严谨还是放任，实用还是战略。它决定了你的态度，乐观还是消极；冷静还是急躁；体谅还是冷漠。它决定了你身上与旁人不同的思维、感觉和行为模式。你的过滤器就是你的才干。一个人十几岁后，“过滤器”就基本定型了，所以要改变一个人的才干，效果是十分有限的。

在《首先，打破一切常规》中，来自盖洛普的研究人员举了一个例子。1963年，美国航天局在培训宇航员时，选拔了七位优秀人才担当此任。当返回舱在海上漂浮时，宇航员希尔拉严格照章行事，他在密封舱内整整待了四个小时，就是为了完成规范要求的每一步。他的神经“过滤器”滤掉了水下幽闭的所有恐惧。而另一位宇航员格里索姆正相反。密封舱溅落仅五分钟，他就觉得小仓四壁向他压过来。他的神经“过滤器”无法阻挡不断加剧的恐惧，只想使他早点逃出去。他过早打开了应急舱门，致使密封舱灌满海水，最后沉入4800多米深的海底。美国国家航天局最终也没能把这个重1360千克的密封舱打捞上来。

为什么表现会如此不同？这些宇航员都是千挑万选出来的，他们的经验、意志和智力都出类拔萃，所接受的培训和装载的设备都完全相同。为什么希尔拉那么冷静，而格里索姆那么慌乱呢？合理的解释就是“过滤器”，过滤器就是才干。

同样的道理，电商的客服人员也面临相同的情形。淘宝店家的客服人员，每天要面临成百上千个顾客的询问、抱怨和投诉，只有出色的客服人员，才能以最高的效率把询问转化为订单，让怒气冲冲的顾客平静下来，处理投诉并不留后患。为什么？因为大部分出色的客服人员，在现实生活中都比较内向，甚至害羞，网络是他们表达亲近的工具，也是施展他们才干的领域。他们本能地使用他们的“过滤器”，解读顾客发来的片言只语、网络符号和聊天表情，想象客户的心情和愿望，继而勾画出生动的情景。因而他们能与顾客隔着网络实现完美的交流和沟通。

构成绩效的三个因素：技能、知识和才干

技能、知识和才干，是构成绩效的三个因素。

所谓技能，是指一件工作“怎样”完成的方法，或者一件事情“怎样”处理的程序。

例如乘法运算、会计记账、销售话术、授权步骤等，这都属于技能。一个人只要掌握一项技能，就能够靠这项技能谋生。

简而言之，技能回答“怎样做”的问题。

所谓知识，就是你所知道的事情。知识又分为两类：第一类事实性的知识，就是你知道的与事实相关的事情。例如地球是圆的、供应商的第一次报价留有砍价空间、迟到会罚钱等。第二类是经验性的知识，就是你从实践中获得的各种理解。例如顾客的迟疑让你知道他对产品的售后服务有疑虑等。经验性知识的获取包括反思、感悟、理念等。

才干是贯穿始终的思维、感觉和行为模式。它与技能和知识完全不同，它是隐藏在你精神世界中的高速公路，连接着你潜在的各种潜力、意识和记忆。

例如，盖洛普通过对优秀会计师的研究发现，他们最重要的才干是天生喜欢“准确”。这与会计准则（怎样记账的技能）和避税窍门（来自实践的经验）毫无关系。而且，拥有“喜欢准确”这种才干的会计师，他们会觉得会计工作是世界上最棒的工作，每次把账做平的时候，他们会感受到完美和快乐。

这种对精确的热爱，既不是技能，也不是知识，它是才干。如果你不具

备它，你只能是一个普通的会计，永远难以成为一名出色的会计。

技能和知识是可以传授的，管理人员可以通过培训来改变员工在技能和知识方面的缺乏。但是管理人员没有办法把某种才干的“过滤器”移植到另一个人身上，他们要找到出色的员工，就只能选拔才干。

如何寻找和选拔才干

按照我们的想象，完成不同的工作所需要的才干应该大不相同。然而，盖洛普研究了一百五十多个职位所需要的才干，发现这些职位所需要的才干虽然五花八门，但却大致可以分为三类。

第一类才干是奋斗才干。此类才干解释一个人的“为什么”的问题。

有的人只要你给他一张得分表，他就会下意识地用它来衡量别人与自己的成绩，他们喜欢得分表，有了测量才有比较，有了比较才有竞争。而有的人却不喜欢竞争，把他们放到一个公平的赛道上，竭尽全力地与他人竞争，在他们看来是毫无意义的。在这个例子中，“竞争”就是一种奋斗型才干。

有没有竞争才干并无对错之分。而且，缺乏竞争才干的人，有可能拥有另一种奋斗型才干——成就才干。他们未必渴望去赢，而是有一种强烈的欲望，要每天都达到某种有形的成就。在他们眼中，每一天都是新的开始，必须在一天结束的时候取得可以量化的结果，如此才能感觉良好。这种渴望成就的熊熊火焰，也许会随夜幕降临而有所减弱，但第二天随着日出又会立即燃烧。这种成就才干就是那种“自己上发条的人”[②]。

② （美）马库斯·白金汉，柯特·科夫曼，《首先，打破一切常规》，P111，中国青年出版社，2002 年 5 月第一版。

简而言之，奋斗才干解释诸如“某人为什么每天都很早起床”或者“某人为什么每天都赖床”，“某人为什么精力充沛”或者“某人为什么对什么事都提不起兴趣”，“某人为什么积极进取”或者“某人为什么得过且过”之类的问题。同样地，如果一个人没有奋斗才干，管理者是没有办法培养的。

第二类才干是思维才干。此类才干解释一个人的“怎样”的问题。怎样思考、怎样权衡、怎样决策、怎样表达，等等。

有的人无论是什么话题，都能把自己的观点陈述得既条理分明，又具有说服力；有的人面对很复杂的局面，也能找出突破的关键点和线索；有的人对大家习以为常的事情，总能提出与众不同的观点……这些都是思维才干。

第三类是交往才干。此类才干解释一个人的“谁”的问题，解释他相信谁、他与谁交往、与谁争斗、对谁冷漠等。例如一个人热衷于面对陌生人，还是只和熟人打交道？一个人喜欢与人争辩，还是逃避争辩？

盖洛普在研究中，分别请一组优秀的护士和一组普通的护士分别给一百名患者打针。尽管打针的程序、使用的器具等都完全相同，但是患者们声称，与普通的护士相比，优秀的护士打针不那么疼。反复对照后发现，关键的差别在于注射前护士对患者所说的话。

普通的护士，大致说的话是：“别担心，一点都不疼。”然后例行公事地把针头扎进去。

优秀的护士，大致说的话是“会有点疼哦”，他们实话实说，“不过别担心，我会尽量轻一点的”。

优秀的护士具有一种天生的“体谅别人”的交往型才干。他们实言相告，并让病人觉得护士在与自己一起经历打针的过程，与他们心心相印，这样就减轻了对疼痛的感受。

上述三类才干会形成各种不同的组合，无论你是否渴望改变自己或者别人，才干组合及其所形成的行为模式，都将持之以恒，贯穿始终。

各种才干并不特别，也不神秘。例如“体谅别人”这种交往型才干，很多人都具备，但是具备“体谅别人”才干的护士，就立即会与众不同。因此，管理人员要学会如何发现和选拔才干。对此，在《首先，打破一切常规》一书中，盖洛普的专家们提出了两点建议。

第一，知道你想要寻找什么样的才干。

根据职位的要求，在奋斗、思维和交往三类才干中，选择一个最重要的类别，然后设计与此相关的问题，作为面试时选拔的基础。无论求职者的简历写得如何动人，也不要为之心动，不要降低对才干的要求。

第二，研究你的“明星”员工。

传统的管理经验告诉我们要多多研究失败，盖洛普的专家们建议大家要多多研究成功和优秀。你要从优秀的明星员工身上，去发现该职位所需要的才干。例如前面提到的对优秀护士的研究，就能了解护士职位所需要的才干。

研究各个职位上的优秀员工，这对界定该职位所需的才干，是一个简单可靠的方法。例如要想知道销售职位所需的才干，就可以研究最优秀的销售员是怎样行动的。

盖洛普对优秀销售人员的研究发现，他们与普通销售人员一样，每天都要面对被客户拒绝的打击，他们一样对客户的拒绝感到恐惧。成功和失败的差别在于优秀的销售人员并不会被内心的恐惧所摧毁，他们具有一种“抗争”的交往型才干，这使他们敢于据理力争，他们勇于把潜在客户的拒绝变为接受，并以此为乐。

因才施用的三个法则

所谓因才施用，就是根据每个人的才干，来安排他的职位，具体有三个法则。

第一，防止“彼得原理”奏效。

传统的方法，是把优秀的人提拔到主管的位置上。这会陷入所谓的“彼得原理”的用人陷阱中。劳伦斯·彼得提出，一个人通过不断提升职位，最终会到达他自己不胜任的职位。

如果一个人只能通过晋升才能不断取得待遇的提升，那彼得原理的奏效就不可避免了。

科学的方法是在适合其才干发挥的职位上提高待遇，满足其需求。如此才可以让人的才干与职位匹配，并能获得物质上的满足。

第二，向员工反馈业绩结果。

所谓反馈，就是把业绩的结果告诉业绩的执行人。反馈时要简单回顾一下过去，然后将注意力转移到未来。

提供反馈的好处是让员工关注工作结果，并鼓励他用自己的方式提高工作效率。

第三，残酷的爱。

让一个在职位上不胜任的人离开，让他回到自己擅长的岗位上去，以避免其慢性的职业自杀。这看起来残酷，实际上是另一种角度的爱。

第4章

制订合理目标，唤醒员工的自驱力

企业的使命和任务，必须转化为目标。

——彼得·德鲁克

目标管理和自我控制的常识

“目标管理”的概念是彼得·德鲁克1954年在其经典著作《管理实践》中最先提出的，其后，他又提出“目标管理和自我控制”的主张。

彼得·德鲁克认为，并不是有了工作才有目标，而是相反，有了目标才能确定每个人的工作。所以“企业的使命和任务，必须转化为目标”。如果一个领域没有目标，这个领域的工作必然被忽视。因此管理者应该通过目标对下级进行管理，当组织最高层管理者确定了组织目标后，必须对其进行有效分解，转变成各个部门以及各个人的分目标，管理者根据分目标的完成情况对下级进行考核、评价和奖惩。

目标管理提出以后，便在美国迅速流传。时值第二次世界大战后西方经济由恢复转向迅速发展的时期，企业急需采用新的方法调动员工积极性以提高竞争能力，目标管理的出现可谓应运而生，遂被广泛应用，并很快被日本、西欧国家的诸多企业仿效，在整个管理界大行其道。

目标管理的具体形式各种各样，但其基本内容是一样的。所谓目标管理乃是一种程序或过程，它使组织中的上级和下级一起协商，根据组织的使命确定一定时期内组织的总目标，由此决定上、下级的责任和分目标，并把这些目标作为组织经营、评估和奖励每个单位和个人贡献的标准。

目标管理的具体做法分三个阶段：第一阶段为目标的设置；第二阶段为实现目标过程的管理；第三阶段为测定与评价所取得的成果。

SMART原则让你成为目标管理高手

制订目标看似一件简单的事情，每个人都有过制订目标的经历，但是如果上升到技术的层面，管理人员必须学习并掌握设置目标的SMART原则。

所谓SMART原则，即：

Specific：目标必须是具体的；

Measurable：目标必须是可以衡量的；

Attainable：目标必须是可以达到的；

Relevant：目标必须和其他目标具有相关性；

Time-based：目标必须具有明确的截止期限。

无论是制订团队的工作目标还是员工的个人目标都必须符合上述原则，五个原则缺一不可。

1. Specific：目标必须是具体的，反对笼统含糊的目标

团队不成功的重要原因之一就因为目标定得模棱两可，或没有将目标有效地传达给相关成员。

请读者朋友思考一下，以下的目标是不是好目标？

每个助理都要有**营销意识**。

这个季度我们要**全力以赴**。

你负责把这个项目**剩余的问题**解决了。

这个月重点在**各大论坛**发帖子。

上述目标都不是恰当的目标，因为黑体的文字让目标变得含混不清。例如“每个助理都要有营销意识”，这种工作目标的描述就非常不明确，因

为增强营销意识有许多具体做法，如市场调查、提供优质服务、减少客户投诉、消除品牌负面消息传播等，甚至，名片上放QQ号码、打电话使用礼貌用语等也属于营销意识的范畴。当助理不明白“营销意识”具体是什么含义的时候，他就没法确定自己的工作内容，为了掩盖自己的懵懂无知，他会按照自己的理解去做一些有用或没用的事情来应付目标的完成。

“全力以赴”更是目标描述中常见的错误用语。

一个父亲带孩子去田间劳动，让孩子把田里的一块石头搬到田外去，孩子用双手试了试，说搬不动。父亲说你要尽全力才行，孩子使全力又试了试，石头依然纹丝不动。孩子说我尽力了还是搬不动，我不搬了。父亲说你找根棍子试一试，孩子找根棍子把石头撬动了一半，然后沮丧地坐在地上，说我已经全力以赴了，我搬不动，我再也不搬了。父亲说，你还没有尽力，至少你还没有想到来寻找我的帮助。

这个故事很形象地刻画了职场中的情形。如果你不能给下属制订出具体而清晰的目标，只是要求下属全力以赴，那么很可能的结果是，下属遇到困难就放弃，而放弃的理由却无可挑剔，因为“我已经尽力了”。

具体的目标好处很多，而模糊的目标坏处很多，如表4–1所示。

表4–1 具体目标的好处与模糊目标的坏处

具体的目标带来的好处	模糊的目标带来的坏处
相互理解彼此的期望，消除误会； 具体的目标给人指明行动的方向，可带来你想要的结果和行动； 责任清晰	彼此不理解，工作中会产生猜测、狐疑和误会； 别人会做你不希望做的事情，因为他不知道你到底想要什么，不能知道人的行为； 责任不清

2. Measurable：目标必须是可以衡量的，可量化、可检查、易判断

管理格言说："你衡量什么，你就得到什么。"

不可衡量的目标，意味着无法检查效果，无法干预和奖惩，也无法得到你想要的结果。

你从以下的对话中发现了什么问题？

领导问："你这个月工作干得怎么样？"

下属答："还不错。"

领导问："你为什么觉得你做得还不错？"

下属答："因为我做了……遇到了很多的困难，通过我的努力克服了它们。"

上述对话的汇报逻辑是这样的：我做了些什么事、有些什么困难、付出了多少努力，等等。

而在现代组织管理中，逻辑应该是反过来的，下属应该汇报的是：我的目标是什么，达成了百分之多少，还有多少差距，打算用什么样的行动减少这些差距。

上述对话看似是汇报的逻辑问题，其实反映的是目标制订方式的落后和粗放，改善的方向是学会使用量化目标和用数据说话。

3. Attainable：目标必须有难度，但也必须是可以达到的

目标必须是通过努力可以实现的，如果一个人怎么努力也实现不了目标，那他就只能放弃实现目标的努力。但是目标也不是越简单越好，因为简单的目标无法激发人的潜能。因此，目标要困难到足以激发人的潜能，但又不能让人感到不可企及。

管理者的职责就在于：让人相信，看上去不可企及的目标，其实是可以实现的。要做到这一点，管理者必须做好三件事：设计目标台阶、教练和鼓舞。

设定目标就好像在树上挂苹果。把苹果挂在人一张嘴就能吃到的高度，是不合适的，因为这没有激发人的任何潜能。为了激发人跳跃的潜能，可以把苹果挂在跳起来可以摘到的高度。如果把苹果挂在跳起来也摘不到的位置，人就不会跳起来了，但实际假设这个高不可及的苹果必须要摘下来，怎么办呢？这时候管理者就必须教会下属通过助跑跳高的技术。如果把苹果挂在助跑也摘不到的位置呢？这时候管理者要教会下属撑竿跳高的技术。

在这个例子中，苹果的不同高度代表的就是目标的台阶；管理者教会下属跳跃技术、助跑跳高技术、撑竿跳高技术，就是在做培训下属的教练工作；而不断给予下属超越自我勇气的工作，就是管理者的"士气"鼓舞艺术。

4. Relevant：目标必须和其他目标具有相关性，尤其是与最终目标具有相关性

目标不是独立存在的，而必须与组织内的其他各种目标具有相关性，这种相关性有以下各种内涵。

（1）周期相关：周目标需与月目标相关，月目标需与季目标相关，季目标需与年目标相关。

（2）垂直相关：团队成员目标需与团队领导目标相关。

（3）水平相关：团队成员之间的目标需有相关性。例如，团队成员承担不同目标的工作量要都达到基本饱和为最佳，因为劳逸不均的目标分配是其他团队成员所不能接受的。

（4）技能相关：目标的实现要尽可能与成员的长处相关，"用人之长，容人之短"。

（5）责权相关：目标对最终目标的贡献要与利益分配相关。

在管理实践中，不仅要设定目标之间的相关性，而且还应该把这种相关性告诉给执行目标的人，其中的原因可以用心理学中的“信息激发责任”原理来解释。该原理发现：人一旦知道自己很重要，就会产生更多的责任感。正所谓“能力越大，责任越大”。

因此，要经常告诉团队成员，其目标与其他目标的相关性，要让他知道其目标对团队其他成员目标的实现以及与最终目标实现之间的关系和重要性。

5. Time-based：目标必须具有明确的截止期限

没有时间限制的目标没有办法考核，或带来考核的不公。

如果没有时间限制，上下级之间对目标轻重缓急的认识程度就会不同，团队领导着急，但团队成员不知道。到头来可能会导致领导暴跳如雷，而团队成员觉得自己很委屈、很无辜。

如果一个目标需要较长时间才能完成，那么应该增设细化出阶段性的时间目标，在过程中不时予以检查和处理。

让团队目标成为个人目标

在实行目标激励的时候，要求企业管理者能够将大家所期待的未来着上鲜艳的色彩，同时也要对实现目标的过程进行规划。在实施激励的过程中，应该避免只是空谈目标而在日常工作中将其弃之一边的情形发生。若要把企业目标真正地建立起来，就要将崇高远大的情感传达到员工那里，并从他们那里得到发自内心的回应，使他们诚心诚意地投入到工作中去。

在激励过程中最重要的是灌输目标的整个过程，这需要企业上下开诚布公地全面参与，使员工自觉将个人理想与企业目标联系起来。

企业提出明确的目标，并由管理者有效地与员工进行沟通和传达，让每一名员工都明白自己所做的工作，这对于实现企业的目标具有极其重要的作用。以明确的奋斗目标来激发员工的斗志，并让员工把个人目标和企业目标良好地结合起来，从而增强员工的责任感和主动意识，让每一名员工都为同一目标而不断努力奋斗。

在企业组织中，每个员工都或多或少地有所期望，但这种期望并没有形成一种动力，就如同每个人都希望拥有漂亮的房子但却没有设计蓝图一样。因此，成功的管理者就是要发掘员工的期望，并把这种共同的期望变成具体的目标，而一旦这个具体的目标或理想生动鲜明地体现出来，员工就会从思想上产生一种共鸣，就会毫不犹豫地追随你。换句话说，管理者利用明确而具体的目标激励员工，就是充当一个“建筑师”的角色，“建筑师”把自己的想法具体地表现在蓝图上，让“建筑”的形象生动鲜明地体现出来，以此激发员工为之努力工作。

当然，即使有行动的蓝图，如果没有清楚地规划出实现过程，也无法使人家产生信心。因此，在规划远景的同时，还必须规划出实现远景的过程。这是一个必经的过程，指的就是从现在到实现目标所采取的方法、手段及必经之路。

把大目标分解成小目标，可以激发员工兴趣

我们可以将目标的实现分成若干阶段，这样既不至于使目标太大，难以

激起员工的兴趣，也不至于使目标太小，让员工觉得没有意义。

要让员工和企业有一个共同目标。在成功企业中，通常用塑造一个共同目标，创造共同的价值理念来激励员工。

曾任美国电报电话公司总裁的罗伯特·艾伦发现，该公司过去的想法和做法都像是受保护的公用事业，现在必须改变，而且是在行业动荡不安时进行改变。公司的规划部门为关键性的战略任务提出一个定义，也就是让现有的网络承载更多的功能，开发新产品，从而符合新兴信息事业的需求。艾伦决定不用这样理性和分析性的名词来谈公司的目标。他也不谈论以扩张竞争态势为重点的战略意图。他选择了非常人性化的名词，他说："公司致力于让人类欢聚一堂，让他们很容易互相联系，让他们很容易接触到需要的信息——随时随地。"这个陈述，表达了公司的目标。但他用的都是非常简单且人性化的语言，让每个人都能理解。重要的是，员工能对这样的任务产生共鸣并以此为骄傲。

让企业上下都愿意为企业目标奉献力量，并让这样的努力持之以恒，应该是管理者追求的目标。明确的企业目标是正当可行的，它不是公关惯用的华丽辞藻，也不是鼓舞士气的夸大宣传。所以，管理者对定义恰当的目标应做出具体的承诺。

曾任美国康宁公司总裁的哈夫顿曾委派公司最能干、最受尊敬的资深经理人负责康宁公司的品质管理。尽管经历了一次严重的财务紧张，哈夫顿还是拨出500万美元，创立了一个新的素质管理学院，用以实施康宁公司大规模的教育和组织发展计划。他还承诺将每个员工的训练时间提高到占工作时间的5%。康宁公司的素质管理计划很快就达到了哈夫顿的目标。正如一位高层经理所说："它不只改善了素质，更为员工找回了自尊和自信。"

为团队设定有挑战性的目标

杰克·韦尔奇说："我不断为每一位员工提供富有挑战性的工作，由此造就了了不起的通用电气公司员工，然后，再由他们造就了了不起的产品和服务。"

目标对于员工的激励作用，是毋庸置疑的，但是过低的目标对于激励员工是无益的，只有高目标才能使员工发挥出最大的潜能。

高尔基曾说过："一个人为自己定的目标越高，他的潜能就会发挥得越好。"企业要想把员工的潜能发挥得淋漓尽致，就必须制订一个员工跳起来才能得到的目标。遗憾的是，许多企业管理者并没有认识到这一点，他们往往把目标定得太低，让员工轻而易举地就能达到，使员工失去工作激情。传统思维和常规认为，如果制订过高的目标，可能会难以实现而使员工产生恐惧心理，达不到激励员工的目的。但是，只要帮助员工找到实施目标的方式和手段，高目标不仅不会使员工恐惧，反而会激励他们充分发挥自己的潜能，唤起他们不断挑战的热情。所以，优秀的管理者总是制订需要员工跳起来才能达成的目标，在员工不断地发挥潜力、不断成长和进步的过程中推动企业的发展。

卓越的管理者都善于通过增加挑战来赋予员工更多的工作激情，从而给员工更强的成就感，引导他们在岗位上精益求精。

市场变幻莫测，科技交替也日新月异，在竞争异常激烈的市场中，企业如若不能持续增长，就很可能被对手超越，最后淘汰出局。而要保证企业的持续增长，就必须不断地给每一位员工提供富有挑战的工作，激励他们不断创新、变革，以此来加强企业内部活力，推动企业不断向前发展。

通用电气公司人力资源管理的核心，就是“给每一位员工都提供挑战性的工作”，使他们从挑战中得到激情，并从中获取经验。自从韦尔奇执掌通用电气公司后，他尽可能地为通用电气公司的每一位员工提供挑战更高目标的机会，使通用电气公司得以长久保持在商界的领先地位。

优秀的公司与其他普通公司相比，区别就在于敢于制订更高一级的目标。著名的马尔斯糖果公司就是靠着近乎完美的目标来激励员工，使企业在竞争激烈的糖果市场上处于不败之地。

马尔斯糖果公司的秘诀用一句话来说就是：“把目标定到百分之百，竭尽所能追求完美，否则就等于是在放纵自己，到头来只会自食其果。”马尔斯糖果在质量上定下的百分百标准，从统计学的角度来看，几乎是不可能的。但正如他们自己所说的，如果在制定目标时就预先体谅自己，为自己找好借口，降低目标，那目标也就失去意义了，这无异于是在放纵自己的惰性。

有一次，马尔斯糖果公司的管理者福利斯特·马尔斯发现有一组棒棒糖没有按标准装好，他大发雷霆，盛怒之下，搬出了所有存货，一个个地砸在了会议室的玻璃板上，他绝不容忍任何一个有缺陷的产品出厂。

这种精益求精的态度，不仅存在于管理阶层中，更是每一名员工追求的目标。也正因为如此，马尔斯糖果公司的实力不断提升，在高手如云的糖果市场上保持着领先地位。

真正懂得用目标来激励员工的企业，都懂得利用挑战来使目标激励作用最大化，他们会制订跳起来才够得到的目标，竭尽所能地追求完美。这样的企业，从来不会容忍所谓的“可容忍过失”。

阿迪达斯公司制订的“无次品”目标，就是绝无“可容忍过失”的具体表现。“无次品”目标极大地调动了员工的积极性，增加了员工工作的挑战色彩。为了实现这一目标，阿迪达斯专门雇用了近2000名质量检验人员，质量监察员定时检验产品的生产线，把不合格的产品送回重新生产，并负责把所有发现的错误列成统计图表，用以了解产品质量状态。质量管理人员检验过的产品，检验人员再次做彻底的检查。

如此的高标准、严要求，充分激发了员工的潜能，每一位员工在工作时都投入自己百分百的精力，从不疏忽大意。高质量标准成就了阿迪达斯，使公司的产品因质优而畅销全球，成为许多经销商的免检产品，也为公司树立了良好的企业形象。

设定目标后，制订以结果为导向的计划

一个完整的计划至少包含了一个目标和一个行动方案。

行动方案是实现目标的方法。如果目标是目的地，行动方案就是路径。

目标和行动方案，构成了一张计划路线图。

当目标设定之后，为了实现目标而制订的行动方案，应该符合结果导向原则。

所谓结果导向原则，是指所有的行动方案都要指向结果，并能最终带来结果。

由于目标是对努力结果的期望，因而目标符合SMART原则，才有结果导向的前提。

什么是结果导向呢？我们来看一个例子：

一位企业主管让李浩去买书，李浩先到了第一家书店，书店老板说："刚卖完。"之后他又去了第二家书店，营业人员说已经去进货了，要隔几天才有。李浩又去了第三家书店，这家书店根本没有。

快到中午了，李浩只好回公司，见到主管后，李浩说："跑了三家书

店，快累死了……都没有，过几天我再去看看！”主管看着满头大汗的李浩，欲言又止。

买书是任务，买到书是结果，李浩去实践任务，却没有业绩，也就是说，他有了苦劳，却没有功劳。不仅如此，他还浪费了半天的时间，而这半天时间老板必须给他支付工资……

只要动一下脑筋，就可以想到许多好主意。如李浩买书，至少有三种方法可以保证他完成任务，把事做成。

方法一：打电话给书店，确定哪一家书店有这本书，再去购买。

方法二：上网查找这本书的信息，向网上书店订购或直接联系出版社邮购。

方法三：到图书馆查是否有这本书，如果有，就问主管愿不愿花钱复印。

这三种方法都可以保证李浩得到书，但他没有这样做，不仅没有解决问题，反倒成了问题的制造者。

李浩的行为就是一个典型的没有结果导向思维的案例。

姜汝祥先生在其著作《请给我结果》一书中举了一个“九段秘书”的例子。

总经理要求秘书安排次日上午九点开一个会议。通知到所有参会的人员，然后秘书自己也参加会议来做服务，这是“任务”。下面是秘书的九个段位的具体做法。

一段秘书的做法：发通知——用电子邮件或在黑板上发个会议通知，然后准备相关会议用品，并参加会议。

二段秘书的做法：抓落实——发通知之后，再打一通电话与参会的人确认，确保每个人都被及时通知到。

三段秘书的做法：重检查——发通知，落实到人后，第二天在会前30分钟提醒与会者参会，确定有没有变动，对临时有急事不能参加会议的人，立即汇报给总经理，保证总经理在会前知悉缺席情况，也给总经理确定缺席的人是否必须参加会议留下时间。

四段秘书的做法：勤准备——发通知，落实到人，会前通知后，去测试可能用到的投影、电脑等工具是否工作正常，并在会议室门上贴上小条：此会议室明天几点到几点有会议。

五段秘书的做法：细准备——发通知，落实到人，会前通知，也测试了设备，还要先了解这个会议的性质是什么，总裁的议题是什么，然后给与会者发去与这个议题相关的资料，供他们参考（领导通常都是很健忘的，否则就不会经常为过去一些决定了的事、或者记不清的事争吵）。

六段秘书的做法：做记录——发通知，落实到人，会前通知，测试了设备，也提供了相关会议资料，还要在会议过程中详细做好会议记录（在得到允许的情况下，做一个录音备份）。

七段秘书的做法：发记录——会后整理好会议记录（录音）给总经理，然后请示总经理是否发给参加会议的人员，或者其他人员。

八段秘书的做法：定责任——将会议上确定的各项任务，一对一地落实到相关责任人，然后经当事人确认后，形成书面备忘录，交给总经理与当事人一人一份，并定期跟踪各项任务的完成情况，及时向总经理汇报。

九段秘书的做法：做流程——把上述过程做成标准化的“会议”流程，让任何一个秘书都可以根据这个流程，把会议服务的结果做到九段，形成不依赖于任何人的会议服务体系！

从以上九个不同段位的秘书的做法中我们可以看出，执行并不是只有一个结果，不同执行力的人给出的结果也不同。但无疑九段秘书给出的结果才是最具执行力的体现。

所以，我们在做工作时不能将目光只停留在“完成任务”上，我们应该看得更长远一些，将执行的着眼点放在“结果”上，而且，最好是一个能够创造价值的好结果。

因此，管理者在制订计划的过程中，要常问自己：我们想做什么？我们打算怎么做？这样做将会给自己和团队带来什么结果？这个结果是我们正在追求的吗？

综合前面的阐述，可以勾画出有效计划的基本特征：（1）目标符合SMART原则；（2）行动方案符合结果导向原则；（3）二者缺一不可。

通过上述结论，可以把计划的状态分为四种类型，如图3–1所示。

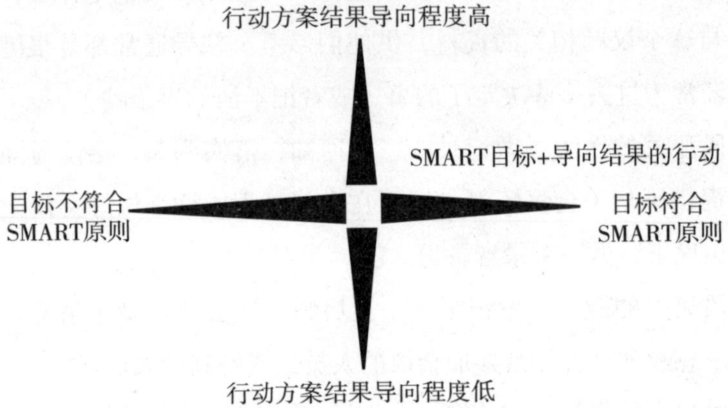

图4–1　计划的四种状态

显然，第一个象限的计划符合有效计划的特征。读者朋友可以自行对照一下，你的计划水平目前处在哪个区域？

用“手段–目的链”锁定上下级目标的联系

组织中不同层次的计划之间是什么关系呢？一般人会认为是包含的关系、整体与部分的关系、从属关系，等等。这些答案都不能算错，但都不够明确和科学。

管理学中用“手段–目的链”来解释上下级计划之间的关系。

较低层次的目标是实现上一层目标的手段，而上一层目标又是实现更上一层目标的手段，这种层层锁定的链条被称为“手段–目的链”。

“手段–目的链”准确地描述了组织中各种目标和各种计划之间的关系。高层计划中的行动方案，绝大部分要转化为下层计划中的目标。由于实现某一目标的行动方案不止一个，因而要转化为多个下层计划中的目标，如此一来，就在组织中形成了一个目标体系和计划体系。

例如组织高层的目标之一降低运营成本10%。假设实现这一目标的手段包括：（1）裁减5%冗余员工和岗位；（2）把反对浪费、厉行节约的原则贯彻到工作的各个方面；（3）提高产品研发的成功率；（4）通过质量管理减少产品返修率。

那么高层管理人员实现目标的上述手段，就应该转化成为下层人员的目标，例如：（1）人力资源部门的裁员目标；（2）行政人员的压缩会议开支目标、提高办公耗材使用率的目标（例如要求内部资料双面打印）；（3）研发部门的市场调查目标；（4）生产部门的采购目标、生产目标、检验目标；等等。

因此，从事管理工作是需要集思广益和想象力的，因为你实现目标的手段越丰富，你能给下属开发出来的目标才能越丰富。

第5章

沟通到位了，员工才肯听

如果必须将管理体制浓缩成一种思想，那就是沟通。

——沃尔玛公司创始人山姆·沃尔顿

管理就是沟通、沟通、再沟通

管人重在沟通，沟通消除隔阂，沟通激发积极性，沟通提高效率。沃尔玛公司创始人沃尔顿曾说过：“如果必须将管理体制浓缩成一种思想，那就是沟通。”

“一个人的成功，15%属于专业知识，85%靠的是人际沟通。”这句话可能很多人都听说过。还有一句话知道的人可能就不多了：“一个领导的成功，40%靠人才、资源、制度、机会，60%靠团队内部之间的沟通与团队对外的沟通。”这么说一点儿都没有夸张，做好沟通是管理者最起码的责任，听取意见、传达命令、协调关系、推动工作、激励士气……这一切，都离不开沟通，都需要沟通。

日本松下电器的创始人松下幸之助有句名言：“管理，过去是沟通，现在是沟通，未来还是沟通。管理者的真正工作就是沟通。不管到了什么时候，都离不开沟通。”

沟通就是“上下要通气”。上对下：传达工作指示与要求，让下属完全理解上级的意图；下对上：反映真实情况，传递意见、建议与批评等，让管理者掌握工作的进展情况与下属的思想动态。上下级之间能有良好的沟通，团队的凝聚力、战斗力就会大大增强，有利于完成工作任务，达成绩效目标；假如沟通不好，就会使管理混乱、效率低下。

斯特松公司是美国历史最悠久的制帽厂之一。有一年公司的情况非常糟糕：产量低、品质差、劳资关系极度紧张。为此，公司管理层邀请管理专家进厂调查。结果显示：公司内上下沟通的渠道全然堵塞。于是，公司开始实施一套全面的沟通措施。4个月之后，不但员工的不满、怨恨的负面情绪得以瓦解，同时他们也开始展现出了团队精神，生产能力也大大提高。这就是沟通的力量。

有人说沟通是最廉价但最有效的手段，看来是不无道理的。国内外的知名公司，都把沟通当作一件非常重要的事情。老总都很乐于与下属沟通，他们在沟通的过程中听取下属的意见，了解执行的情况，发现运营计划中的弱点。

通用电气公司前CEO韦尔奇曾经说：“企业领导人的工作成效与能否同下属沟通具有成百上千倍的正效用。为此，我每天都在努力深入每个员工的内心，让他们感觉到我的存在。即使我出差在很远的地方，我也会花上16个小时与我的员工沟通。我80%的工作时间是与不同的人谈话。”韦尔奇能说出1000名高级管理人员的名字和职务，熟悉公司3000名经理的表现。可见他对沟通的重视与努力。

不管是公司、企业，还是事业单位、行政机关，管理活动都是建立在人与人之间沟通的基础上的。管理者每天所做的大部分事情，比如决策、开会、视察等工作，都是围绕沟通这一核心问题展开的。可以这么说，离开了沟通，就不可能实现真正的管理。为什么沟通是一个管理者在管理中的基本性工作呢？因为沟通有以下几个方面的作用。

（1）准确传递信息。

一个团队要想顺利地开展工作，首先必须准确地理解上级的指示，团队和部门之间，也应该有良好的沟通。假如员工不能领会经理的意图，生产部门不能正确获得研发部门的信息，这个企业会乱成什么样子？沟通要做到“准确”二字。管理者要准确无误地发布信息，下属也应该完整理解上级的意图，如果不明白，就应该多沟通。

古时有一名县令，某天准备宴请客人，就写了清单派吏役去买菜。其中“猪舌”的“舌”字写得很长，而且还分了家。因为古人书写是竖排习惯，所以衙役以为是买猪千口，就遍乡寻买，但也只买到500多口，只得硬着头皮回去禀报。县官大惊说："我让买猪舌头，怎么买这么多猪啊？"后来才知道是自己字迹潦草惹的祸。

当然，这故事也许是杜撰的，因为衙役看见买猪千口的指示后，怎么说也应该跟县令沟通一下，也就不会闹出这样的笑话了。

（2）增进相互交流。

每个下属都有被重视、被尊重的心理需求。如果管理者不多与下属交流、沟通，天长日久，下属就会情绪低落、工作消极，这会严重削弱团队的战斗力。管理者必须经常走下去，不管对不对，要多听听下属的想法。这样有利于增进人际关系和谐，减损内耗，还能激发下属的工作自发性，积极为领导献计献策，使管理者的管理工作更富成效。

（3）了解真实情况。

主管要做到准确地决策、有效地指挥，必须要了解下面的真实情况。工作进展如何？下属有什么想法？面临着哪些困难？……这些都离不开沟通。康熙皇帝对明朝灭亡的总结之一就是："明朝末世，君臣之间互相猜忌隔膜，地方上的民生疾苦不能及时上达，以致最终失国。"

管理学家发现：自上而下的信息只有20%～25%被下级正确理解，而从下到上反馈的信息则不超过10%，而平行交流的效率则可达到90%以上。这说明了管理者应该多深入基层与下属沟通，而不是躲在办公室里看报告。国家领导人隔三岔五下基层就是这个道理。

《旧约·创世纪》第十一章上说，人类的祖先最初讲的是同一种语言，日子过得非常好。有一天，他们决定修建一座可以通天的巨塔。由于人们沟通流畅、准确，大家就心往一处想，劲朝一处使，高高的塔顶不久就冲入云霄。上帝得知此事，又惊又怒，认为人类能建起这样的巨塔，日后还有什么办不成的事情呢？于是，上帝施展魔法，让人世间的语言变成好多种，各种语言里面又有很多种方言。这样一来，造塔的人言语不通，沟通经常出现错误，巨塔就再也无法建造了。

这个故事前半部分说明：如果一个团队沟通顺畅，所爆发出来的力量是连上帝都害怕的。后半部分则说明："没有沟通就没有成果。"

如何有效地与员工分享信息

《大英百科全书》认为，沟通就是"用任何方法，彼此交换信息。即指一个人与另一个人之间用视觉、符号、电话、电报、收音机、电视或其他工具为媒介，所从事之交换消息的方法"。

《韦氏大辞典》认为，沟通就是"文字、文句或消息之交通，思想或意见之交换"。

拉氏韦尔认为，沟通就是"什么人说什么，由什么路线传至什么人，达到什么结果"。

在英文中，"沟通"（Communication）这个词既可以译作沟通，也可以译作交流、交际、交往、通信、交通、传达、传播等。这些词在中文中的使用尽管会有些微差异，但它们本质上都涉及了信息交流或交换，其基本含义是"与他人分享共同的信息"。

具体来讲，有效的沟通有三个标准：

首先，沟通是指意义的传递。如果信息和想法没有被传递到，则意味着沟通没有发生。也就是说，说话者没有听众或写作者没有读者都不能构成沟通。

其次，要使沟通成功，意义不仅需要被传递，还需要被理解。如果你送给暗恋对象一份特别的礼物，而其中表达的爱慕之意没有被她理解，那你和她之间的沟通就是失败的。这就如同你用西班牙文给她写了句“我爱你”的纸条，而她对西班牙文一窍不通，以为是你在乱涂乱画，因此丢弃一旁。

再次，成功的沟通意味着经过传递后被接受者感知到的信息与发送者发出的信息完全一致。一个观念或一项信息并不能像有形物品一样由发送者传送给接受者。在沟通过程中，所有传递于沟通者之间的，只是一些符号，而不是信息本身。语言、身体动作、表情等都是一种符号。传送者首先把要传送的信息“翻译”成符号，而接受者则进行相反的“翻译过程”。由于每个人“信息—符号储存系统”各不相同，对同一符号（例如身体语言）常存在着不同的理解。

例如，用拇指和食指捏成一个圈向别人伸出时，在美国这代表“OK”；在日本，表示钱；在阿拉伯，这种动作常常伴随咬紧牙关的表情，表示深恶痛绝。

一些人认为自己的词汇、动作等符号能被对方还原成自己欲表达的信息，但这往往是不正确的，而且还会导致不少沟通问题。

沟通时，要分清事实和推论

沟通的信息是包罗万象的。在沟通中，我们不仅传递消息，而且还表达赞赏或不满，或提出自己的意见和观点。

因此，沟通信息可分为：事实、情感、价值观、意见和观点。

“小王常常在会上发言”，这是一个事实。

“我反感常常在会上发言的人”，这表达了一种情感。

“常常在会上发言是爱出风头的表现”，这反映了一种价值观。

“要批评爱出风头的人”，这提出了一个意见和观点。

沟通信息还可以分为：基于事实的信息和基于推论的信息。情感信息、价值观信息和意见观点信息都属于基于推论的信息。

对同一个事实，人们“推论”出的情感、价值观和观点有可能千差万别，比如：

“小王常常在会上发言，爱出风头！”

“小王常常在会上发言，积极关心集体事务。”

这两句信息，是对同一个事实做出了相反的价值评判。

“我很高兴小王常常在会上发言。”

“我很反感小王常常在会上发言。”

这两句信息，说的是同一事实，但表达的情感是不一样的。

人们在表达情感的时候，常常通过表情、语气、动作等非语言的方式进行。例如，用生气的语气或赞赏的语气说：“小王常常在会上发言。”其爱憎的情感一目了然。

聪明的沟通者要谨慎地区分基于事实的信息和基于推论的信息。前者让你理解“正在发生什么事”，后者让你理解“对方怎么看待这件事”。

有的时候，基于事实的信息和基于推论的信息，是不太容易区分的。例如：“小王常常在会上发言，让别人没有发言的机会。”这句话里，“让别人没有发言的机会”有可能是事实，也有可能不是。到底是不是，需要调查才能断定。

在沟通的时候，如果你不加区分地把对方的“事实”和“推论”全部当成事实来接受，就会被误导，做出错误的决定。

有的时候，对方以为他讲了事实，但实际上他只讲了推论。例如对方说：“小王就是爱出风头！”这就是在把“推论”当成事实来和你沟通。

如果你想了解事实的话，应该反问：“你为什么认为小王爱出风头？”引导对方把事实讲出来。

如果你不想了解事实，那你在心里应该记住：对方认为小王是个爱出风头的人。这才是你了解到的唯一的事实。

善于发现共识才能有效沟通

基于事实的信息让你理解“正在发生什么事”，基于推论的信息让你理解“对方怎么看待这件事”。

接下来，你会有什么反应呢？我们把情况分为三种。

（1）我理解发生了什么事，也理解你怎么看待这件事，对此我皆认同。这种状态叫作达成共识。

（2）我理解发生了什么事，也理解你怎么看待这件事，但是我反对你对事实的理解，或者反对你的情感、价值观或意见。这种状态叫作发现分歧。分歧又分为三种：事实分歧、推论分歧和逻辑分歧。例如：“小王常常在会上发言，爱出风头。”

事实分歧：我并不认为小王常常在会上发言。

推论分歧：小王常常在会上发言，这不是爱出风头，而是关心集体的积极行为。

逻辑分歧：小王常常在会上发言与爱出风头，这之间有什么必然的逻辑关系呢？我对此表示怀疑和反对。

（3）我没有理解你说了什么事或者持有什么推论，但我就是支持你或者反对你。这种状态叫作误会。

有效沟通所要达到的目的是：找到共识、发现分歧、消除误会。

人们通常都喜欢共识，讨厌误会和分歧。实际上，发现分歧也是有效沟通的一种成果。

愚笨的沟通者分不清误会、共识和分歧的区别，他们为了支持而支持、为了反对而反对，其立场不是建立在理解的基础之上，离有效沟通越来越远。

积极的沟通者总是善于发现共识。如果双方处处存在分歧，那么“没有共识”是否可以成为我们这次沟通的共识呢?

消极的沟通者只看到分歧而看不到共识。殊不知沟通的一个黄金法则就是：分歧将会制造更多的分歧，共识将会达成更多的共识。

在销售话术中有一个金句：“正像您所说……”例如，当顾客嫌贵时，销售人员说：“正像您所说，这件货价格不菲，因为它的用料都是极其讲究的。”当顾客抱怨产品的样式不合心意的时候，销售人员说：“正像您所说，这一产品的样式并不能让每个顾客都喜欢。不过我们可以为您定制您想要的样式。”当顾客又担心定制需要额外花钱还要等待的时候，销售人员可以说：“正像您所说，定制需要额外付费，但您要是不急用的话还是值得的。”这一销售金句就是充分应用了沟通的这一黄金法则，每一句介绍都从与顾客的共识开始，大大增加了成交的机会。

设想一下，如果销售人员在处理顾客的异议时，常说“事情不像您想得那样”，那又会怎么样呢?顾客一定会被气跑吧!

用聊天的方式去沟通

沟通与聊天的区别在于：沟通带有某种目的，而聊天未必。

比如，夫妻之间吵架，想要达到和解的目的，有必要沟通；销售人员要将东西卖给顾客，要达到这个目的，就要千方百计地寻找与顾客沟通的方法；老师要达到教导学生的目的，而言传身教，谆谆教诲，就要与学生做好沟通的工作；主管要传达下属某个旨意，要与下属沟通；同样，下属要找主管汇报情况，请示工作意见，也会与主管进行沟通。

如果沟通时没有目的，也就称不上真正的沟通。有的人凡事都喜欢插嘴，而且一插上嘴就没完没了，并认为自己能说会道、善于沟通，这其实是对沟通的误解。在送别老领导的晚宴上，有个能说会道的人大谈财经局势，完全忘记了这个宴席是为了送别，是为了与老领导沟通感情，是为了表达感谢和祝福……这样的能说会道，只能让人反感。

带着目的去沟通，也会出现偏离目的的现象。

根据行为心理学的创始人约翰・沃森建立的"刺激–反应"原理，人的行为是受到刺激后的反应。由于沟通需要双方的互动和交流，因而对方的反馈和言行会形成一个"刺激"。沟通高手无论受到任何刺激，其反应都会围绕沟通的目的来进行，而普通人却会让自己的反应脱离沟通的目的。

例如，销售人员与顾客沟通的目的是成交。在沟通过程中，无论顾客说什么，销售人员都不应忘记这一目的。如果顾客嫌你卖的东西没档次，而你受到这一"刺激"后的反应是反驳顾客没眼光，那就脱离沟通日的了。这时销售人员的聪明反应是换个角度介绍产品的其他优点。

并非所有的聊天都没有目的。有目的的聊天，也是一种沟通形式，叫作非正式沟通，这是很多沟通高手常用的策略。日本东芝公司前总经理土光敏夫，人称"提着酒瓶子的大老板"。他刚接手东芝公司时，公司连年亏损，很不景气。上任伊始，他不顾年迈，第一件事就是遍访设在日本各地的30多家下属企业。每到一处，土光敏夫不是先听厂长、经理汇报，而是找一些老工人去酒馆喝酒、聊天。他通过这种策略，发现了企业一线的问题和解决问题的思路。

聊天，看上去随意自在，但有了目的后，就要围绕此目标来进行。比如大家聚在一起聊天、说笑话，是为了达到交友、快乐的目的。为了这一目的，聪明的沟通者就不会冷落在场的任何一个人。每一个人都有着他自己的发表欲，如果你只想自己讲，让大家都听你的，就违背了与众交谈的乐趣了。别人没有精神听下去，只好站起来不欢而散了。

日常沟通，会有意想不到的效果

松下幸之助有一个习惯，就是爱给员工写信述说所见所感。

有一天，松下正在美国出差，按照他的习惯，不管到哪个国家都要尽量在日本餐馆就餐。因为，他认为看到穿和服的服务员，听到日本音乐，是一种享受。这次他也毫无例外地去日本餐馆就餐。当他端起饭碗吃第一口饭的时候，大吃一惊，出了一身冷汗。因为，他居然吃到了在日本都没吃到过的好米饭。松下想，日本是吃米、产米的国家，美国是吃面包的国家，居然美国产的米比日本的还要好！此时他“立刻想到电视机，也许美国电视机现在已经超过我们，而我们还不知道，这是多么可怕的事情啊”！松下在信末告诫全体员工：“员工们，我们可要警惕啊！”

以上只是松下每月写给员工一封信中的一个内容，这种信通常是随工资袋一起发到员工手里的。员工们都习惯了，拿到工资袋不是先数钱，而是先看松下说了些什么。员工往往还把每月的这封信拿回家，念给家人听。在生动感人之处，员工的家人都不禁掉下泪来。

松下几十年如一日地每月给员工写信，而且专写这一个月自己周围的事和自己的感想。松下就是用这种方式与员工沟通的。员工对记者说：“我们一年也许只和松下见一两次面，但总觉得，他就在我们中间。”

有一天，松下让他的助手带着所有百货商店的名片和他一起出去转一转，松下每到一个商店都要对上至老板、下至售货员表示谢意，听取对方对产品的意见，并递上名片说："我是松下，请多关照。我们渴望听到您的意见。"人们知道他是松下后，无不感动。这样做起到了很好的沟通效果。

优秀主管这样让下属讲真话

作为森林王国的统治者，老虎几乎饱尝了管理工作中所能遇到的全部艰辛和痛苦。它终于承认，原来老虎也有软弱的一面。它多么渴望可以像其他动物一样，享受与朋友相处的快乐，能在犯错误时得到哥们儿的提醒和忠告。

它问猴子："你是我的朋友吗？"

猴子满脸堆笑地回答："当然，我永远是您最忠实的朋友。"

"既然如此，"老虎说，"为什么我每次犯错误时，都得不到你的忠告呢？"

猴子想了想，小心翼翼地说："作为您的属下，我可能对您有一种盲目崇拜，所以看不到您的错误。也许您应该去问一问狐狸。"

老虎又去问狐狸。狐狸眼珠转了一转，讨好地说："猴子说得对，您那么伟大，有谁能够看出您的错误呢？"

上面这个寓言故事，还有下面这个现实世界的版本。

在苏联的一次政府会议上，赫鲁晓夫声色俱厉地指责在场的同事没有及时指出斯大林的错误，突然听众席上有人打断了他的讲话。

"你也是斯大林的同事，"提问者大声喊道，"为什么你当时不阻止他呢？”

“谁在这样问？”赫鲁晓夫怒吼道。

会议厅里一片极度不安的寂静，没有人敢动弹一下。

最后赫鲁晓夫轻声说：“现在你该明白为什么了吧？”

赫鲁晓夫轻声说出的话，道出了领导难以听到下属真心话的原因——恐惧。想要部属指出你的缺点和错误，首先得让他们确信自己不会被报复和惩罚，其次是要给他们勇气，还有就是作为主管的你，必须具有明辨是非的眼力和包容的胸怀。简言之，如果管理者要想听到真话，就要开创一个让下属敢于讲真话的环境和氛围。

别怕下属发牢骚，倾听牢骚能提高效率

在管理过程中，每一位管理者都会面临着下属的牢骚满腹的问题。每个下属的利益需求不同，看问题的角度也不同。就算主管做出的正确决策是为下属着想的，还是会招来非议，引来很多牢骚。好心得不到好报，有时会让管理者很窝火。

如何对待牢骚，考验着管理者的胸襟度量与管理水平。在有水平的管理者眼中，下属发牢骚是正常的事情，甚至还是好事情，牢骚在他们看来，就好比是化解冲突的“安全活塞”。我们都知道，在压力容器上，比如高压锅肯定会有安全活塞，一旦压力高于承受力时，活塞就会自动排气，以防高压锅爆炸。下属发牢骚与此类似，能让不满情绪排泄掉，有利于避免上下级之间的矛盾激化。

美国哈佛大学心理学系曾组织了一次这样的实验。在芝加哥有一家制造

电话交换机的工厂，厂里各种生活和娱乐设施都很完备，社会保险、养老金等其他方面做得也相当不错。但让厂长感到困惑的是，工人们的生产积极性却并不高，产品销售也是成绩平平。

为找出原因，厂长向哈佛大学心理学系发出了求助申请。哈佛大学心理学系派出一个专家组进厂开展了一个“谈话试验”，就是专家们找工人个别谈话，规定在谈话过程中，专家要耐心倾听工人们对厂方的各种意见和不满，并做详细记录，而且要求专家对工人的牢骚不得反驳和训斥。这一实验研究的周期是两年。在这两年的时间里，研究人员前前后后与工人谈话两万余人次。

结果，两年下来，工厂的产量大幅度提高了。经过研究，专家们给出了原因：长期以来，工人对这家工厂的各个方面有诸多不满，但无处发泄。“谈话试验”使他们的这些不满都发泄出来，从而感到心情舒畅，工作干劲高涨。

这就是管理学中著名的“牢骚效应”：牢骚不一定是正确的，但认真对待牢骚却总是正确的。牢骚是改变不合理现状的催化剂。由此可见，管理者对待牢骚的原则是：宜疏不宜堵。堵则气滞，牢骚升级；疏则气顺，心平气和，情绪高涨，下属的工作积极性和主动性自然提高，精神面貌为之焕然一新。管理者需要思考的不是杜绝牢骚或者压制牢骚，而是如何让牢骚更适当地发泄出来，达到化牢骚为工作动力的目的。

主管在管理上的成功，不是完美到下属没有一句牢骚，也不是利用权力不准下属发牢骚，而是能正确对待牢骚，善于化解牢骚。在美国的一些企业中，有一种叫作“发泄日”的制度，即每个月专门划出一天供员工发泄不满。在这天，员工可以对公司同事和上级直抒胸臆，开玩笑、顶撞都是被允许的，主管不许就此迁怒于人。

在日本松下电器公司，所有分厂里都设有吸烟室，里面摆着一个松下幸之助本人的人体模型，工人可以在这里用专门准备的鞭子随意抽打“他”，以发泄自己心中的不满。这为下属的牢骚提供了出口，使平时积郁的不满情绪得到宣泄，从而大大缓解了他们的工作压力，提高了工作效率。

牢骚虽然是体察下情、了解民声的好形式，是管理者提高管理水平的催化剂，但如何及时化解下属的牢骚，管理者应该学好下面这几招。

第一，不要忽视。不能充耳不闻、视而不见，等到小牢骚变成大仇恨就会悔之晚矣！

第二，严肃对待。“千里之堤，溃于蚁穴”，要怀着如履薄冰的心情来认真对待。

第三，承认错误。主动承认自己的失误并做出道歉，基本上能马上让牢骚土崩瓦解。

第四，认真倾听。认真地倾听下属的抱怨，从中找到牢骚产生的真正原因。

第五，不要冒火。有牢骚的下属本来就一肚子的火，管理者再发火只能激化矛盾。

第六，掌握事实。只有把事实了解清楚了，相应的对策才可能正确。

第七，别兜圈子。正面答复抱怨时，要具体而明确，要触及问题的核心。

第八，解释原因。如果只是误会，耐心地摆事实、讲道理，下属自然会理解的。

第九，表示感谢。牢骚说明下属对工作负责、对团队关心，不该感谢吗？

第十，不偏不倚。涉及下属之间的矛盾，公平处事最重要。

第十一，敞开大门。对下属永远敞开沟通的大门，要让他们随时能找到你。

沟通是心灵的对话，是情感的交流。有效的沟通是领导成功的关键，这早已不是秘密。特别在对待下属的意见、批评、牢骚这些负面情绪方面，上下级如果能坦诚相见、沟通得好，就能形成战无不胜的凝聚力、战斗力和创造力！

认同和赞赏，是员工在金钱之外最想得到的

待人接物、为人处世有一个必须遵从的最高指导原则：赞赏他人。赞赏能使人感到被理解，领略到人世间的温暖，并产生赞赏者与被赞赏者之间的良性心理交流。主管与下属的交往一定要遵循这一原则。成功学之父、人际关系学之鼻祖卡耐基就曾大声疾呼：领导要对员工“慷慨地赞赏”。

一家成功的大型企业的老板在谈到成功的秘诀时说：“很简单，就是赞赏下属。”这一点没有夸张，赞赏就具有如此的魔力，它能使对方感到满足，使对方兴奋，而且会有一种想要做得更好以讨对方欢心的心理。如果一个小孩得到别人的赞赏，那他的成绩会大有进步；如果一个男士得到意中人的赞赏，会乐得几晚睡不着觉；而一个下属若能得到领导的赞赏，他肯定会尽力表现得更好。

中国古话中的“士为知己者死”说的也是赞赏的巨大激励作用。这话出自春秋战国时期的大侠豫让之口，豫让本人也确实做到了。豫让是智伯的家臣，智伯很欣赏他，对其委以重任。在智伯被消灭以后，豫让千方百计为他报仇。为了刺杀仇人，豫让不惜把漆涂在身上，使皮肤烂得像癞疮，后来又吞下炭火使自己的声音变得嘶哑，就连妻子也不认识他了。虽然最终失败了，豫让却用生命报答了智伯的知遇之恩，也诠释了赞赏的力量是无穷大的。

我们每个人都有一种强烈的愿望，就是被人赞赏。领导对下属的赞赏，

能大大满足他们的荣誉感和成就感，使其在心灵上受到鼓励。

对于赞赏在管理中的重要性，玛丽·凯说："金钱之外，人们最想得到的还有两样东西，那就是认同和赞赏。"这位自认为对于金融财政一窍不通的女人，却实现了自己的理想，创造了一个化妆品王国。她成为管理者的经验就是："我们认为员工们需要得到成就的认可，因此我们总是尽可能地给予他们赞赏。"

为了激励员工，玛丽·凯煞费苦心。在公司每年举办一次的颁奖晚会上，都有数以千计的化妆品推销员在掌声和喝彩声中领取各种各样价值不菲的礼品。出类拔萃的员工能在鼓乐声中接过鲜花，得到加冕。此外，玛丽·凯还经常联系出版社或者杂志社来宣传优秀的员工，对他们的业绩表示肯定。

相对于物质奖励来说，精神上的赞赏更具有优势。从主管角度来看，赞赏不需要多少本钱，同样也能满足下属的荣誉感和成就感。玛丽·凯就说过："假如你不想向你的工人分发凯迪拉克车、钻石戒指和貂皮大衣，那就认可他们的劳动、肯定他们的成果吧！最有效的激励根本不花费什么东西，它只是简单的赞赏。"而从下属的角度看，工资和收入都是相对稳定的，不会指望在这方面有多少意外的收获。他们常常很在乎自己在领导心目中的位置。特别是下属很认真地完成了一项任务或做出了一些成绩之后，领导不给予认可与表扬的话，就会严重挫伤下属的积极性，认为反正老板也看不见，干好干坏一个样。

对于下属渴望赞赏的心理，管理者应该牢记下面几句话：每个下属都是利己主义者，他需要被注意、被欣赏和被承认；每个下属都对自己比对别人更感兴趣；每个下属都希望他是最被领导所器重的人；从领导面前经过的每个下属都希望被领导看重和高度评论；每个下属都在不同程度上渴望被别人重视，他希望能成为领导在工作中不可或缺的一个人。常言道："重赏之下，必有勇夫。"这个"赏"不一定是物质的刺激，更包括精神上的赞赏。

金钱的激励不仅会增加管理成本，而且刺激强度会一次比一次小；但赞赏就不同了，赞赏根本不需要花费什么，甚至只是领导一句赞美的话语、一个佩服的眼神、一次真诚的点头肯定，就能满足下属精神上的需求，让下属感激你、信任你，并为你的团队忘我地工作。

赞赏是一种成本低、见效快、回报率高的管理方法，管理者的一句话、一个眼色就有可能得到意想不到的回报。赞赏还是沟通情感、鼓励员工、激发士气的最佳手段。因此管理者要在管理活动中充分利用赞赏这个法宝，以达到提高管理效率的目的。

既然赞赏是一种方法，就要讲究一定的技巧，不是随便胡诌几句就能达到赞赏的目的，方式不当还会适得其反。赞赏下属，必须掌握适当的时机和分寸。哪方面值得赞赏？在什么环境下赞赏？赞赏到什么程度？这都是有学问的。良好的赞赏一般都具有下列特点。

（1）心诚则灵。主管之所以赞赏下属，是因为下属确实有可取之处，值得主管的钦佩与肯定。赞赏只是手段而不是目的，如果为了赞赏而赞赏，赞赏就会变得无中生有或者牵强附会。比如“您老亲自上厕所啊”之类的话，会让下属感觉是在戏弄他而不是赞美他。

（2）恰如其分。赞赏要与客观实际相符合。既要找准下属的优点与成绩，又要实事求是地评估，不能夸大其词。比如，一个下属顺利地完成了一件平常的工作任务，你说“辛苦了，干得不错”就行了，他听了会感到特别高兴，如果你说“感谢你做出的划时代的贡献”，下属就会觉得你在说反话，是对他工作的不满。

（3）词能达意。在赞赏的时候，要想好怎样说话，因为一不留神就可能说反了。比如，某员工平时姗姗来迟，这天却早早来到办公室做清洁。你就不能说：“今天来得真早，难得难得！”对方听了以为你在批评他平日来得晚。如果说：“你今天来得真早，吃饭了吗？”这样既赞赏了下属，又含有关心之意，下属听了会感到很舒服。

（4）时机恰当。主管对下属的赞赏要选择最恰当的时机。一般来说，下属工作很努力、很艰苦的时候，下属在接受工作指派的时候，下属取得了工作成果的时候，在这样的情况下他们往往极其渴望得到主管的承认与欣赏。在这些时候，主管应该及时赞赏，满足下属的精神需求。

（5）地点合适。赞赏还要选择地方。当下属取得骄人业绩的时候，可以选择当众赞赏或奖赏；当希望下属更上一层楼的时候，可以在私下谈话中赞赏，因为没有什么成绩就当众赞赏，会引起其他下属的不满；还可以在其他人面前称赞另外一个下属，让第三者转达你的赞赏，这往往会有意想不到的好效果。

（6）形体语言。赞赏主要是靠语言来完成的，但也应该重视动作、眼神、姿态等形体语言来表达管理者的赞赏之情。比如，给予真诚的微笑，能让下属倍感温暖；一个真诚的眼神，能表达你对下属的关注与尊敬；轻轻地拍拍肩膀，能迅速拉近与下属的心理距离，增加下属的信心与归属感……形体语言能让下属更加强烈地感受到来自管理者的赞赏是真诚的。

把话说到位又不让下属反感的批评方法

管理者最爱批评，下属最讨厌批评，所以批评在管理实践当中很难把握。轻了不起作用，重了适得其反，管理者因此要在批评的时间、地点、方式、轻重、语言等方面多琢磨琢磨，才能达到让下属心服口服、知错改错的目的。

批评不是玩权力、耍淫威，这不能体现一个主管的牛气，牛气是表现在批评后的效果上面的，那就是既能让下属知错改错，又能调动下属的积极性，还能树立管理者的权威。在批评下属时要做到以下“九要”与“九不要”。

“九要”指的是以下九个方面。

（1）要毫不含糊。批评的目的是使下属改正缺点，以后不再重犯。所以对下属犯的错误，务必要严加批评。特别是那些错误较为严重、影响比较大、涉及面比较宽的问题，应该严厉地批评。可以措辞比较尖锐，语调比较激烈，情感表露比较严肃。

（2）要弄清事实。弄清事实是正确批评的基础，主管批评下属，很重要的一条就是要做到实事求是，批评要有根据，切不可随便捕风捉影、主观行事。

（3）要以理服人。批评下属不能压服，只能说服，以此帮助他们认识和改正缺点错误。要力求语言中肯，措辞恰当，深入浅出，说理透彻，使其口服心服。

（4）要对症下药。批评必须注意根据批评对象的不同特点，采用不同的批评方式。批评还要注意场合，是小范围还是大范围或者是私下批评，都得先认真想清楚。一般宜私下批评，便于顾及被批评下属的脸面和影响。但必须采取公开曝光批评的则不能姑息迁就，以免问题发展成习惯性的通病而难以收拾。

（5）要就事论事。“对事不对人”，在批评下属时，要就事论事，不要搞人身攻击，以免让下属认为你对他有成见。

（6）要以诚相待。批评的效果在一定程度上受人的感情影响。“感人心者，莫先乎情”，只有情深才能意切，出言才能为人接受，批评才能让人心服口服。

某企业有一个职工陈某，曾三次因赌博被抓被罚仍执迷不悟，第四次正与别人赌博时又被抓到了。把他从派出所接回单位后，保卫科科长老黄与他进行了一次既严肃又饱含深情的谈话：“你这次被抓，派出所了解到你曾赢了别人一台电视机，决定没收。当我们到你家时，你的妻子和儿子正在看电视。你那五岁的儿子泪眼汪汪地央求我们，说：‘警察叔叔，别把电视拿走……’我心里很不忍，只好摸着孩子的头说：‘叔叔给你搬去修理一下，就更好看了。’临出门时，你儿子又追了出来，说：‘警察叔叔，星期六能修好吗？我想看动画片。’我当时听了，心里难过极了。正好我家刚买了一台彩电，我就把那台闲置的电视机搬去给孩子看了。人心都是肉长的，你身为人父，应该有爱子之心，不能让赌博恶习麻木了自己的良知，多为自己的孩子想想，千万不能再做让孩子都心碎的事情呀！”陈某听完这些话，伏下身子失声痛哭起来。后来，他痛下决心，改造自己，成了企业的模范职工、革新能手。

（7）要刚柔相济。批评是一件严肃的事情，既不能轻描淡写，也不能草率从事。要认真对待，触及灵魂深处。主管必须深谙“打一巴掌不忘揉三揉”之道，在批评时，既要严又要慈，做到刚柔相济、恩威并举。

（8）要表扬在先。批评之前先表扬，让下属在接受批评时有个心理缓冲过程，这样就不容易形成较大的对立情绪，有助于下属认真听取和接受批评意见。

1923年当选美国总统的柯立芝，有一位漂亮的女秘书，人虽长得很好，但工作中却常因粗心而出错。一天早晨，柯立芝看见秘书走进办公室，便对她说：“今天你穿的这身衣服真漂亮，正适合你这样漂亮的小姐。”听到这句话，女秘书感到受宠若惊。柯立芝接着说：“但也不要骄傲，我相信你同样能把公文处理得像你一样漂亮。”果然从那天起，女秘书在处理公文时很少出错了。一位朋友得知了这件事，便问柯立芝：“这个方法很妙，你是怎么想到的？”柯立芝得意扬扬地说：“这很简单，你看见过理发师给人刮胡子吗？他要先给人涂些肥皂水，为什么呀，就是为了刮起来使人不觉得痛。”

（9）要气氛活泼。批评固然离不开高声调的语言和严肃的态度，但在有些时候、有些场合，用一些意想不到的方式，比如幽默诙谐的语言，下属反而更容易接受。

据在毛泽东身边工作过的同志回忆，毛泽东批评人时，总是不直接说“对”或“不对”，更不讲大道理教训人，而是轻松愉快地在交谈中引经据典，在谈笑风生中切入主题，使人在谈笑中领悟他话语中的深刻含义，认识自己的缺点和错误，从而口服心服地改正。刚到北京的时候，毛泽东觉得自己房间里的一套沙发是多余的，就叫工作人员搬出去缴公。可是，沙发太大，门太小，怎么使劲也搬不出去，工作人员认定这沙发根本就搬不出去。毛泽东一见，笑了起来，说：“你们说，以前别人是先修房子再搬沙发进来，还是先买了沙发再修房子呢？”工作人员说：“当然是先修房子后买沙发嘛。”毛泽东乐了，说：“那么，沙发能从这道门里搬进来，怎么会搬不出去呢？”大伙一听，恍然大悟。原来主席是在批评我们不肯动脑子呢。大家立即开始想其他办法，发现是之前的方法不对头，才搬不出去，随后就改了一个方法一试，果然搬了出去。

除了要做到以上“九要”之外，管理者在批评下属时，还要做到以下“九不要”。

（1）不要大发雷霆。下属犯了错误时，管理者生气着急在情理之中，但要注意克制情绪，绝不能拍桌子摔凳子，吹胡子瞪眼睛，否则，不但达不到批评的目的，反而会引起被批评者的对立情绪。

（2）不要伤人自尊。“良言一句三冬暖，恶语伤人六月寒。”批评时要心平气和地摆事实、讲道理，循循善诱。不能尖酸刻薄，讽刺挖苦，更不能满口脏话，侮辱人格，甚至拿对方的过失当话柄和笑料，这会让被批评者产生逆反心理，还会让其他下属为之打抱不平。

（3）不要全盘否定。对下属的错误行为，要准确无误地指出来。是什么性质就说什么性质，有多少就说多少，既不能夸大其词，也不能一棍子打死。忌用“不可救药”“朽木不可雕”之类的言语，让被批评者看不到任何希望。

（4）不要以权压人。管理者对下属进行批评时，不能倚仗权势来压制下属，居高临下，盛气凌人。不能说“我不听你解释”“都是你的错”“你不服不行”这样的话，更不能以处分、撤职或调动工作来威胁。越是采用压服的手段，越是不服。

（5）不要重翻旧账。批评应针对当前所发生的问题，就事论事。帮助下属提高认识，改正错误，做好思想工作，不能把过去发生的问题和已经处理完的问题拉扯出来翻旧账。这种翻老账式的批评很伤下属的自尊心，也是做主管的一个大忌。

（6）不要不顾场合。对下属所犯的错误一般不要当众批评，特别是不要当着他的下属的面批评。别人在场时批评他会增加他的心理负担，会使他面子过不去，产生逆反情绪。因此，在批评下属时，一定要注意场合，不能随心所欲，张口就来。

（7）不要推卸责任。下属出现错误，常常与主管平时的教育有关。即使是完全由当事人负责的问题，管理者也应负教育不够、领导不力的责任。所以当下属犯了错误时，在批评当事人的同时，也要主动地承担责任，替下属揽过，这样批评才更容易让下属接受。

（8）不要没完没了。对下属的批评切忌喋喋不休，没完没了。即使是好话被说上好几遍也会令听者生厌，更何况逆耳的批评。有效的批评往往能一针见血地指出问题的实质，使下属心悦诚服，而絮絮叨叨只会让下属心不在焉，不知道你到底要说什么。

（9）不要己身不正。这一点往往被管理者忽视了。管理者在严格要求下属的同时，首先要严格要求自己，努力提高自身素质。“身教重于言教”“正人必先正己”，管理者要在自己“行得正站得直”的基础上进行批评，才会让下属口服心服。

在日常管理的应用过程中，以上的一些批评方法往往不是单一出现的，而是同时运用的。运用之妙，存乎一心。对于下属的错误，主管该批评的就批评，但也要采用正确的方式方法，才能让下属心服口服，收到事半功倍的效果。

第6章

不仅是员工的上级，更是教练

如果要当事人学得最多，教练就要教得最少。

——添·高威

打造高绩效团队的领导艺术

很多管理者很困惑，我在处处“传、帮、带”呀，为什么部下的效率却越来越差。需要管理者反省的是，你的示范是否已经演变成了事必躬亲，并且处处按照自己的操作过程来要求你的每一名下属。倘若如此，时间长了，什么事情你都干了，下属自然轻松地等着你来干。

洛杉矶湖人队前教练派特雷利在湖人队最低潮时，告诉球队的12名队员：“今年我们只要每人比去年进步1%就好，有没有问题？”

球员们一听：“才1%，太容易了！”于是，在罚球、抢篮板、助攻、拦截、防守5方面，每人都各进步了1%。结果，那一年湖人队获得了冠军，而且夺冠的过程很轻松。

派特雷利的聪明之处在于引导自己的成员和团队积极进步，而并非自己处处示范，这是一种可以应用在管理之中的教练技术。

1971年，美国加利福尼亚州中西部自由艺术学院的创始人之一添·高威在暑期开设了网球和滑雪训练课程。他除了亲自授课外还分别聘请了几名网球和滑雪教练来授课。当时，碰巧有名网球教练因故不能授课，而此时许多付费学员都在等待教练，添·高威于是决定临时调用一名滑雪教练来教打网球。

完全不会打网球的这位滑雪教练提出自己难以胜任，添·高威对滑雪教练说：“你只要教他们把注意的焦点集中在网球上，千万不要给他们做示范动作。”滑雪教练依计行事。

一个月后，添·高威惊奇地发现滑雪教练教授的学员普遍比正式的网球教练所教授的学员进步快。添·高威于是对这个有趣的现象进行了一番深入的研究。他发现：传统的网球教练训练的主要方式是教练做示范动作，学员模仿动作，教练纠正学员的错误。很多学员把注意力都集中在自己的动作是否规范上了，而当球飞过来时手忙脚乱。

滑雪教练因不会打网球，所以无法做示范，只好要求学员把注意力集中在网球上，而对学员击球的动作没有特别的规定，同时对学员提出一些开放式的问题，诸如“你的身体如何调整才能接住飞来的网球呢”等。由于学员把注意力集中在网球上而不是自己的动作是否标准上，他们竟然自动对自己的动作进行调整，以接住飞过来的网球。

事实上，当教练发现学员的错误并提出建议来纠正他的时候，学员的表现反而降低，假如他放松，脑海里有了优良表现的想象，身体有了感觉，那么他的表现就会改善。在没有意识到自己有问题的情况下不自觉地改正了错误。

后来，添·高威对外界宣称，他可以让一个完全不会打网球的人在20分钟内学会基本熟练地打球。

此事引起了美国ABC电视台的兴趣，他们决定派记者现场采访。添·高威找到一个体形很胖的、从未打过网球的女人。他让这个女人不必计较用什么姿势击球，只需把焦点放在网球上（这就是他所说的注意力集中法）。当网球从地面弹起时，先叫一声“打”，然后挥拍击打网球。添·高威解释说：我并没有教她打网球的技巧，我只是帮助她克服了自己不会打球的固有信念，她的心态经历了从“不会”到“会”转变。就是这么简单！

这个过程在电视上播放之后，引起了AT&T高层管理者的兴趣。他们把添·高威请到公司来给高级经理们讲课。在授课过程中，经理们不停地在笔记本上记录着。下课后，添·高威发现他们的笔记本上找不到和网球有关的字眼，反而满篇都是企业管理的内容。原来，AT&T的管理者们已经将运动场上的教练方式转移到企业管理上来。于是，一种崭新的管理技术——教练技术诞生了。

此后，添·高威也从体育领域进入到管理领域，成为一位企业教练。据此，添·高威写了一部《网球的内在竞赛》并很快成为炙手可热的畅销书。

内在竞赛是指学员内心的竞赛，它的对手是诸如注意力不集中、紧张、自我怀疑及自责等障碍。简而言之，内在竞赛的目的是帮助学员克服导致表现欠佳的所有思维定式。

接着他又出版了一系列畅销书籍，其中提出了一种在不同领域改善个人及专业表现的新方式，因此，他被认为是世界上最早思考学习与教练的人之一。

教练技术随着被AT&T、IBM、通用电气、苹果电脑、可口可乐、福特、日本丰田等巨型企业的导入，而迅速风行。

教练技术认为，大部分时候，最好的答案早已潜藏在当事人的心中，只是当局者迷，暂时没有发现而已。每个人解决问题的方法都源于问题本身。教练是没有既定答案的，所做的是引导当事人了解自己的真实情况，从中发现属于自己的答案。应用教练技术的管理者应相信：若一个人有能力为自己制造问题，他也一定有能力解决问题。

当管理者停止教别人时，他就开始学习了；当一个人开始独立学习时，意味着生命开始真正成长。正如添·高威所说："如果要当事人学得最多，教练就要教得最少。"

传统的管理技术，可以推动员工行为方法的改进与能力的提升，而教练技术会引发员工智慧的成长。这就像篮球教练成就了乔丹、高尔夫教练成就了泰格·伍兹一样，管理者可以培养出一个又一个比自己优秀得多的下属，而这真正诠释了管理的真谛。

关于教练式管理，杰克·韦尔奇说："我只想做一名企业教练。""我想提醒你们我观念中的领导艺术是什么，它只跟人有关。没有最好的运动员就不会有最好的球队，企业队伍也是如此——最好的领导人实际上是教练！”“一个经理人要有一颗更开放的心，过去人们总是认为经理人理当比下属知道得多一些，这种老观念已经不合时宜了。未来的管理者是提出问题，加以讨论，然后解决它们。他们依赖的是互信而非控制，因此，管理人要做的是真诚坦率地沟通，主管要成为部属的教练而非牵绊者。”

成为员工好教练的技术要点

教练技术的应用要点，可以总结如下。

（1）平等关系基础上的领导力。教练技术发展出的新型领导力，要求管理者把自己看作是一名教练而不是单纯的领导。教练与队员之间的关系，可以通过组织正式指定或企业领导运用教练术指导队员的行动，但不明确地规定这种正式关系。但这种新型的关系不是建立在传统的师傅在上、徒弟在下的基础上，而是基于平等的关系。

第一，对队员所面临的问题，虽然教练因拥有丰富经验而可能比队员对该问题的性质及其解决方案知道得更多，但教练与队员有同等的发言权。

第二，教练要主动地表明自己也会犯错误，绝不是先知先觉，从而拉近教练与队员之间的心理距离。

第三，在帮助队员提高的过程中教练自己也经历了一个学习提高的过程，双方都能从中获益。

因此，从领导关系上看，教练与队员之间的关系可以是正式的或非正式的，但这种关系是一定要平等的。教练必须以平等的姿态参与对问题的研究，以发现解决问题的方法。

（2）支持团队成员打破知识障碍，拓宽思维，提升企业管理干部及团队的素质。正如开车走盘山道，需要转弯处的镜子观察前进的路况。每个人在工作中也都会存在迷茫、困惑的时候，成功的教练型领导会起到镜子的作用，能够支持员工看清自己的现状，看到盲点，少走弯路；辨清方向，走得更快，更便捷实现目标。

（3）支持团队成员看到盲点的同时也看到更多的优点，从而发挥优势，发现并挖掘资源，实现企业目标。

（4）帮助企业创建“学习型组织”。因为教练技术是帮助企业系统思考、改善企业团队及个人心智模式的有效工具。

（5）企业可以应用教练技术原理描绘企业的愿景，通过愿景诱发潜藏于每一个员工心目中积极上进、想要做得更好的根本动因。

教练技术认为：任何人做任何事都是为了满足自己内心的深层需要，而愿景能调动潜意识中为自己带来好处的根本动因，从而引发行动。因此，愿景管理能够调动每一个员工的积极性。

（6）教练型领导能造就更多的管理者，就如体育场上的教练能培养更多比自己优秀的运动员一样。体育教练能帮助运动员取得赛场的金牌，而教练型领导能支持企业员工在激烈竞争的商界中为自己为企业取得一枚又一枚商业金牌。正如高明的企业家是借力高手、资源整合高手一样，成功的教练型领导更善于引发员工智慧，充分调动员工的积极性，让员工在前台充分展现自我才能，将自我价值的实现与企业目标的实现有机结合。

教练型领导如何指导员工

在指导的最初阶段，可以采用两种方式：一种是正式的谈话，另一种则是在员工工作区召开的临时会议。开会时不要隐瞒会议的目的，应开门见山地将问题的核心和盘托出。不要一开始就讲恭维话，那样会误导员工，使他们以为自己完美无缺。下面的几种开头语可帮助切入正题。

（1）“我发现你的工作总是不能按时完成，半年来，你有好几次接受的任务都没有按时完成。比如你答应调查一下在公司的网址上加音乐的可行性，已经过去两个月了，仍没有结果，这是怎么回事？”

（2）“我发现你的报告经常交得很迟，希望我们能一起来解决一下这个问题。”

（3）“我发现几个月来你的销售水平一直没有上升，我想我们可以共同探讨一下走出低谷的办法。你的工作很不错，但我知道你能干得更出色。”

应该注意，这几种说法既没有责备也没有吹捧，对方会欣然接受的。

在指导的过程中，应保持友好和坦诚，合理运用“PSA准则”，即“正面具体行为准则”。

你的目标是改变而不是责备。不要只是告诉员工不应该做什么，而是该指导他们学会正面的行为。

在你给某种行为下了定义之后，你想尽可能具体地谈论它，那么就遵循以下两步。

第一步，告诉他为什么他的行为需要改变。在你看来，这一步也许是理所当然的。除了个别明显的情况之外，你需要清楚而具体地说出为什么这种行为需要改变。

第二步，提出一个能解决问题的方法。根据存在的问题、当前的状况，以及你与员工的关系等多种因素，用恰当的方式提出你的方法。

坚持正面具体行为准则能促使你在指导之前进行思考，这会使你成为一个更好的指导者。

在你想纠正某人的行为时，最聪明的一步就是问“否则就……？”

不管员工有没有问你，你都需要清楚地说明后果，即“否则……”

首先，要具体。含含糊糊地说“表现不好就解雇”或者警告说“我们可能有一个大问题”不会有什么效果——除了让你徒劳无益。像“严重后果和严厉制裁”之类的夸张词也没什么效果——只会显得更虚夸。直接具体地说明可能发生的后果。

其次，不要用威胁的口气。你的目标是纠正错误行为，不是惩罚员工。确保你的口气和话语能表达出你的意思。

最后，不要说不会发生的后果。人们是不会去理会永远也不会发生的装腔作势的警告和惩罚。

作为指导者，你必须解决问题、训练员工、教导他们、做他们的顾问，并且纠正他们的行为。准备扮演好所有的角色，采取一种积极的、有目标的态度。不管你扮演的是什么角色，你最终的目标是一样的：帮助员工达到最佳的工作状态。

教练型的管理者平常应该经常以正确的方法指导员工。可供参考的方法有。

（1）利用部门内部会议安排指导时间。

也就是说每一次开会的时候，都要有一定时间请员工发问，让他利用这段时间把想要提出的问题提出来。时间不需要太长，以便实现与员工的交流互动，对员工提出的问题进行指导。这样，员工与部门经理之间就有了比较固定的、规范性的互动时间表。

（2）日常工作中随时可以教导。

在日常工作中，不论是出差，还是外出开会，随时都可以对下属进行指导。例如，你和客户进行价格谈判的时候，你的下属坐在你的旁边观察，谈判完成后，你就可以对下属进行指导，告诉他刚才的场景里，哪一点是需要注意的。这是一位非人力资源经理教导员工的常见方法。

（3）抱着爱心、耐心来教导。

在心态方面，员工在你手下工作，你有责任照顾他，培育他，要以爱心来对待他。

此外还要有耐心。最难的就是耐心，因为工作一忙碌，就没有心情带这些员工了。但是，当你在对这些员工下指令的时候，你要想一下，他们也是在对你忍耐。将心比心，互相设身处地地去为对方着想，相互理解，就会有耐心了。

及时给予正面表扬和评价

人人都有得到别人认可和赏识的欲望，不论他是谁，无一例外。在工作中，这种欲望一旦得到满足，员工的才能就能最大限度地得到施展，潜能就能最大限度地得到发挥。管理者要想达到这一激励目标，往往只用做一件很简单的事：及时对员工的工作给予正面表扬和评价。

为什么要用“及时”来强调正面表扬和评价呢?

这是因为，管理者给予激励的时间愈接近行为改善的时间，影响就愈大，反之就愈小。例如，某位员工今天9点达到你的要求，你在9点10分给予的正面回馈，会比今晚5点或明天的影响更大。你若在一个星期甚至几周后才给予表扬，那名员工的优秀行为便很难维持。同时，给予正面表扬和评价，也是一种对员工行为的反馈。及时的反馈，可以让员工通过了解反馈信息，及时对自己的行为进行调节。巩固、发扬好的，克服、避免不好的，有利于提高员工的工作绩效，加大激励力度。

为什么要用“简单”来描述正面表扬和评价呢?

因为肯定工作成绩并不需要大张旗鼓。一些简单的、可以将肯定与鼓励结合起来的短语，即能履行好这项工作。如：“你完成的工作真出色”“我感谢你对这项工作付出的所有努力”“了不起”，等等。密苏里广播电视设备厂的前代理总裁和总经理乔治·威勒说过：“当一个雇员极其出色地完成一件工作，或为节约资金和削减消费提出一个很好的建议，我就会来到他的生产线上，当着所有同伴的面说：‘万分感谢，我真为你感到骄傲。’仅仅一句话，他就会比以前更努力地工作。每个人都是如此，人人都需要这样的蜜汁。”

因此，优秀的教练型管理者在实施激励措施时，纷纷将“及时对员工的工作给予正面表扬和评价”放在第一位。早期的美国福克斯公司，急需一项重要的技术改造。一天深夜，一位科学家拿了一台能解决问题的原型机闯进总裁的办公室。总裁看到这个主意非常妙，非常高兴，立即琢磨起怎样给予奖励。他翻遍了办公室的所有抽屉，总算找到了一样东西，于是躬身对那位科学家说：“这个给你！”他手上拿的竟是一根香蕉。无独有偶，美国惠普公司（HP）的市场经理，一次为了及时表示酬谢，竟把几斤重的袋装水果送给一位推销员，以鼓励他的优秀表现。他们之所以这样做，是因为他们清楚地知道，对于员工来说，在取得成绩后，最想得到的就是上司对他的表扬与鼓励。这让他们切实感受到自己的工作表现受到肯定与重视。“受肯定和重视”是影响工作最强烈的动机，从而自动自发，释放出自身潜在的能量，在工作岗位上努力奋斗。

有实验表明，当管理者以公开的形式正面表扬和评价员工的成绩时，他们的工作效率能提高90%；私下的正面表扬和评价虽不及公开效果好，但工作效率仍有75%的提高。

威尔逊在美国加州经营着多家超市，每个月都会和不同分店的经理开会。在举行会议时，威尔逊通常会发表半个小时的讲话，让分店的经理知道正在发生的事，以及公司对他们的期望。一年夏天，由于市场疲软，威尔逊的几家超市业绩持续低迷。某星期初，威尔逊收到了最近一期的业绩报告。从业绩报告上威尔逊发现，虽然业绩改善不是很显著，但确确实实已有了进步。于是威尔逊在会议开始，便极力表扬业绩有进步的超市经理，表扬他们工作有方。

威尔逊表扬的话还未说完，受肯定的效应便产生了。每位经理都显得神采奕奕，充满奋斗的激情。威尔逊的话音刚落，一位超市经理便主动站起来发言。他向威尔逊表示，他打算在超市实行一些新政策，力求在下一个季度获得更多利润。随后，其他超市的经理也相继发言，表明自己的决心和解决方法，这在以前是从来没有的。以前开会，都是威尔逊在讲话，每个经理安静得如同一尊尊雕塑。而今天对工作成绩的小小肯定，使威尔逊不需要问问题，他们便主动让问题浮出水面，并想方法去解决它。这一良好结果是威尔逊始料不及的。

威尔逊的成功激励，也给现代管理者上了很重要的一课：让“正面表扬和评价”产生激励效果，并非一定要针对出色的成绩。哪怕员工的成绩是微不足道的，给予正面表扬的评价，同样也可以让员工产生被肯定和被重视的感觉，而且其激励程度丝毫不亚于前者。正如著名行为学家赫茨伯格所指出的那样：对一些小成就的及时肯定，会激励着人们试着达到更大的成就。因此，不论员工的成绩有多么小，优秀的教练型管理者都会大方地给予正面表扬和评价，肯定他们的员工。

戴尔·卡耐基曾这样说过，当我们想改变别人时，为什么不用赞扬来代替责备呢？纵然下属只有一点点进步，我们也应该赞扬他。因为，那才能激励他不断地改进自己。

尽管如此，在很多管理者的管理方案中，“及时对员工的工作给予正面表扬和评价”这个激励措施仍是个空白。他们认为对员工成就和能力的认可，只需通过奖金表达出来就可以了。殊不知，冷冰冰的奖金是必需的，但绝对替代不了“正面表扬和评价”。比如，当你夸奖你的秘书打字技术提高了很多时，就会发现以后文件打错的地方很少，信件发得也会更快。如果你给予她的是一份奖金，然后命令她参照着现在的样子工作，那么她的出色表现只不过是昙花一现。因为奖金的主动权在你，让她做好工作的主动权也在你，而事实是，没人喜欢处于被动地位。

有些管理者拒绝给予“正面表扬和评价”，是因为他们深感表扬一个人很困难，如果强令他们实施，他们就会抱怨，下属身上根本没有值得表扬的“闪光点”，无从下口。这实在难以让人赞同。世界上并不缺少美，缺少的是发现美的眼睛。每个人身上都有闪光的地方，一切取决于管理者是否愿意去发现。只要管理者愿意，总能找到这些闪光的地方，然后赞扬它，使员工觉得自己更重要。

密苏里·路易斯大街的时髦发廊经理卡拉埃文斯，以亲身经历举例说：“例如，你可以说，你为那位难侍候的顾客作出了耐心的解答，真是好极了；珍·爱丽丝，你昨天主动留下来整理信件，谢谢你……”

要想让“正面表扬和评价”发挥应有的激励作用，最有效最普遍的方式有两种：一种是面对面，最好在受表扬者未曾预料的情况下进行；另一种是在一次颁奖仪式中进行。除此以外，管理者还可根据自身实际创造一些新方式给予肯定。在玫琳凯化妆品公司，当销售有功的美容顾问回到公司总部，玛丽·凯就会“特意铺设红地毯迎接他们，公司的每一个人都被像对待皇亲国戚那样对待。”1983年，玫琳凯化妆品公司的销售额突破了3亿美元。这一成绩的获得，销售主任们无疑立下了汗马功劳。为了表扬有功者，玛丽·凯让手下人把比销售主任本人还要大的照片挂在总部大楼的前厅，极大地唤起了销售主任们的荣誉感和自豪感。同时，她还创办了一个月刊，并为这个月刊起名为《表扬》。玛丽·凯通过这些方式充分肯定了员工的成就，让员工知道，自己对公司来说是多么重要，以此激励他们自动自发，主动进取，力求在新的一天有更加上乘的表现。

无可否认，来自“正面的表扬和评价”能真正表明员工的价值，激励效果很好。但行为管理专家研究显示，如果员工的负面行为或低业绩变成正面行为或高业绩，管理者的“正面表扬和评价”就会失去激励作用。比如，一名经常迟到的员工由于受到“正面表扬和评价”，马上就改了这个“恶习”，一连几个星期都准时上班。这时，你若仍然表扬和感谢他的准时，他可能就会想：“我现在一直都很准时上班，他为什么还要表扬我？”甚至会产生上当受骗的感觉，认为你以前的表扬是言不由衷的。而这种感觉造成的后果，常常是故态复萌。相信这种结果绝不是管理者所期望看到的。所以当“正面表扬和评价”的行为已转变成员工的习惯时，管理者一定要减少给予“肯定”的次数。当然，“减少”不等于“完全停止”。这时，管理者若采用间歇性的手法，“正面表扬和评价”的激励效果就会被持久化、扩大化。

总之，当员工的工作取得成就后，想成为一个好“教练”的管理者千万不要吝惜自己的赞美，及时对他们的工作给予正面表扬和评价吧！而且管理者似乎也没有理由不去做这件惠而不费的事。

成功“教练”的五个秘诀

成功的教练型管理者有五个秘诀，这五个秘诀是长年累月持续不断在运用的东西，把这个秘诀归纳、组织起来，刚好是C. O. A. C. H.（COACH——英文“教练”一词）五个大标题。

（1）Conviction-Driven（坚定的理念）。

有实力的管理者，胸中必定抱持着自己的一份坚定的理念。

（2）Overlearning（精益求精）。

有实力的管理者应该帮助他的团队去精益求精，追求完美。

（3）Audible-Ready（随机应变）。

需要的时候，有实力的管理者与团队的成员，都要能顺应情势去变更事先拟好的计划。

（4）Consistency（一贯性）。

人人都能依团队成员表现的好坏，去预测管理者会有什么样的反应，他的反应不因时、地、人而不同，他的反应有前后一贯的特性。

（5）Honesty-Based（诚实）。

有实力的管理者在人际交流方面的态度正直而坦诚，他的所作所为都以诚实为基础。

作为一名成功教练，至少应该花一定的时间和精力向员工清楚地表示自己愿意支持下属的成长和发展，同时还要主动引导员工就某工作问题的解决方案进行探讨，不随意批评贬低下属。

以下是做好“教练”式领导的十种值得广大管理者借鉴的行为方式。

（1）与下属的真诚合作——共同承担责任，愿意与下属共同探索解决问题的途径和方法。

（2）提供必要的支持和帮助——领导表现出愿意提供支持的积极态度，并乐意为下属为了解决某一个问题提供必要的咨询建议和信息资源。

（3）善解人意，懂得如何去理解别人，富有同情心——领导尊重下属的感情、感受，善于了解下属的所思所想以及工作中可能遇到的困难和障碍。

（4）高度认可下属员工的价值——领导对下属的工作做出认可，相信每个员工是团队中不可或缺的一员，给下属及时的正面反馈来保证员工的自尊。

（5）娴熟的倾听和人际互动能力——领导愿意很认真地聆听下属的心声，同时询问员工一些问题，给他们足够的时间来表达自己的意见和建议。

（6）充分了解并认可下属的工作目标和工作兴趣——领导能够充分了解下属的兴趣所在、个人的发展目标和期望，以及在达到目标过程中的个人需求。

（7）正面反馈——领导愿意强调下属所取得的成绩，并把功劳归于下属。

（8）勉励下属，自身保持乐观心态——领导自身对事情充满乐观心态，相信依靠下属和自己的共同努力能够将问题一一解决，从而激励下属的工作积极性。

（9）积极地与下属交换意见——领导用一种友好的方式在一些工作问题上与下属交换意见，做到态度缓和，不给下属造成压力，不轻易下结论。

（10）主动承担责任，开放思想——当工作上有些不好的结果时，领导主动去承担责任，而不是一味地去责怪下属，在领导和下属之间建立起基本的相互信任。

从传统意义上的管理者向“教练”式领导过渡需要管理者加强自身的修炼，无捷径可言，任何人都不可能一蹴而就。

从上述十种“教练”式领导的典型行为方式中，管理者可以对照检查自己的日常管理行为，取长补短，循序渐进地实现向“教练”式领导角色的转变。

如果想成为一名成功的教练型的管理者，还应该注意以下行为特点。

（1）向员工传达公司发展的方向；

（2）确定工作考核的标准，和员工一同设定员工的年度工作目标；

（3）设置岗位，招募新人；

（4）合作共事的思维方式；

（5）分配任务，适当授权；

（6）清楚地传达自己对下属的工作结果的期望以及下属在目标未能完成时可能产生的后果；

（7）重在工作任务本身；

（8）以结果为导向的管理方式。

这几点将帮助你在成为教练型的管理者的路上走得更远。

放下管理者的架子

一个管理者即使能力很强，如果架子很大，那也只能惹人讨厌，以致影响工作的开展。要想成功实现由普通管理者向教练型管理者的过渡，最简单也是最首要的就是——放下架子。

日本某矿业公司的一位董事长在年轻时，因为工作上急于求成，遇事常急躁冲动，把事情办得很糟，结果被贬到基层矿山去担任一个矿的矿长。到职时，在欢迎酒会上，由于他一不善喝酒，二不善辞令，以致被老职员们认为是一个不讲人情的上司，年轻的职员和矿工们对他更是敬而远之。他在矿里一度很被动，工作开展不起来。

这样闷闷过了大半年后，在新年前夕，举办同乐会，大家要即兴表演节目。他在同乐会上唱了几句家乡戏，赢得了热烈的掌声。连他自己也没想到，那些一向对他敬而远之的部下们，会因此而对他表示如此的亲近和友好。此后他还在矿上成立了一个业余家乡戏团。从此，他的部下非常愿意和他接近，有事都喜欢跟他谈。他也更加与部下贴心了，由过去令人望而生畏的人变成了可亲可敬的人。在矿上，无论一件多难办的事，只要经他出面，困难就会迎刃而解，事情定能办成。由此这个矿的生产突飞猛进。因为他工作有能力，而且如此得人心，后来他荣升为这个公司的董事长。

他升为董事长后，有一次在工厂开现场会，全公司的头面人物都出席了。会上大家都为本年度的好成绩而高兴，于是公司总裁的秘书小姐提议让大家在高度欢乐中散会。她想出一个办法，把一个分公司的副经理抛到喷泉的池子中去，以此使大家的欢乐达到高潮。总裁同意这位小姐的提议，就和这位董事长打招呼，董事长表示这样做不妥，决定由他自己——公司最高管理者，在水池中来一个旱鸭子游水。

董事长转向大家说："我宣布大会最后一个项目——就是秘书小姐的建议：她叫我在泉水池中来一个'旱鸭子戏水'，我同意了，请各位先生注意了，我就在此表演。"于是他跳入池中，游起泳来，引得参加会议的几百人哄堂大笑……

事后总裁问他："那天你为什么亲自跳下水池，而不叫副经理下去呢？"

董事长回答说："一般说来，让那些职位低的人出洋相，以博得众人的取笑，而职位高的人却高高在上，端着一副架子，使人敬畏，那是最不得人心的了。"董事长这些话唤醒了总裁，使他和董事长一样平时注意与部下打成一片，学到了做好一个"教练"的招数。

作为管理者，在下属面前，如果认定了"我"是经理，"你"是工人，应当各尽其职，下级就难免对这样的上司采取疏远态度，也会和他所代表的公司疏远。这样，管理者与员工之间的距离就会成为无法逾越的鸿沟，工作就愈加难以开展。

东芝公司是世界上有名的大企业，它除了产品具有较强的竞争力外，在营销工作中也是高招迭出，所以，业务发展迅速。

有一次，该公司的董事长土光敏夫听业务员反映，公司有一笔生意怎么也做不成，主要是因为买方的课长经常外出，多次登门拜访他都扑了空。土光敏夫听了情况后，沉思了一会儿，然后说："啊！请不要泄气，待我上门试试。"

业务员听到董事长要亲自"挂帅"，不觉吃了一惊。一是担心董事长不相信自己的真实反映；二是担心董事长亲自上门推销，万一又碰不上那个企业的课长，岂不是太丢一家大企业董事长的脸！那业务员越想越怕，急忙劝说："董事长，您不必亲自为这些细枝末节的小事操心，我多跑几趟总会碰上那位课长的。”

业务员没有理解董事长的想法。土光敏夫第二天真的亲自来到那位课长的办公室，但仍没有见到课长。事实上，这是土光敏夫预料之中的事。他没有因此而告辞，而是坐在那里等候，等了很久，那位课长回来了。当他看到土光敏夫的名片后，慌忙说：“对不起，对不起，让您久候了。”土光敏夫毫无不悦之色，相反，他微笑着说：“贵公司生意兴隆，我应该等候。”

那位课长明知自己企业的交易额不算多，只不过几十万日元，而堂堂的东芝公司董事长亲自上门进行洽谈，觉得赏光不少，因此很快就谈成了这笔交易。最后，这位课长热切地握着土光敏夫的手说：“下次，本公司无论如何一定买东芝的产品，但唯一的条件是董事长不必亲自来。”随同土光敏夫前往洽谈的业务员，目睹此情此景，深受教育。

土光敏夫此举不仅做成了生意，而且以他坦诚的态度赢得了顾客。此外，他这种耐心而巧妙的营销技术，对本企业的广大员工是最好的教育和启迪。由此我们可知，管理并不是多么高深莫测的学问，有时它简单到只需你放下架子，工作便能进行得相当顺利。

第7章

主管直指人心的激励艺术

天下没有无缘无故的奖金。

激励员工的八种方式

激励，就是激发人的内在潜力，使人感到劳有所得、功有所奖，从而增加自觉努力工作的责任感。因此，能否建立、健全激励机制，能否有效地激励每一名员工，将直接关系到企业的发展。

激励的方式有很多种，概括地讲，可以分为物质激励和精神激励两类；具体地讲，也可以分为以下八种方式。

1. 目标激励

一个振奋人心，切实可行的奋斗目标，可以起到鼓舞和激励的作用。所谓目标激励，就是把大、中、小和远、中、近的目标结合起来，使人在工作中每时每刻都把自己的行动与这些目标联系起来。目标激励包括设置目标、实施目标和检查目标。

2. 奖励激励

这是常见的一种方法。奖励要物质与精神相结合。方式要不断创新，新颖刺激和变化刺激的作用是比较大的，重复多次的刺激，作用就会减退，刺激也会减少。

3. 支持激励

支持激励就是作为一名管理者，要善于支持员工的创造性建议，把员工蕴藏的聪明才智挖掘出来。支持激励包括：尊重下级的人格、尊重首创精神，爱护下级的积极性和创造性；信任下级，肯放手并且帮助下级排忧解难，增加下级的安全感和信任感；当工作遇到差错时，承担自己应该承担的责任，创造一定的条件，使下级能胜任工作。

4. 关怀激励

了解是关怀的前提。作为一名管理者，要多去了解下属员工，如员工的姓名、籍贯、出身、家庭、经历、特长、个性、表现，等等。

5. 榜样激励

通过具有典型性的人物和事例，营造典型示范效应，让员工明白提倡或反对什么思想、作风和行为方式，鼓励员工学先进、帮后进。要善于及时发现典型、总结典型、运用典型。

6. 集体荣誉激励

通过给予集体荣誉，培养集体意识，从而产生自豪感和荣誉感，形成一种自觉维护集体荣誉的力量。各种管理和激励制度，要有利于集体意识的形成，形成竞争合力。

7. 数据激励

用数据显示成绩和贡献，能更有可比性和说服力地激励员工的进取心。对能够定量显示的各种指标，都要尽可能地进行定量考核，并定期公布考核结果，这样可使员工明确差距，迎头赶上。

8. 领导行为激励

一名好的主管能给员工带来信心和力量，激励员工朝着既定的目标前进。这种好的领导行为所带来的影响力，有权力性和非权力性因素。包括管理者的品德、学识、经历、技能等方面，而严于律己、以身作则等则是产生影响力和激励效应的主要方面。

涨工资不如发奖金：奖励的八条原则

企业中的奖励，看似充满温情，实际上也是一桩生意。正所谓“天下没有无缘无故的奖金”，管理者之所以奖励下属，是希望给员工奖励以后，员工能得到鼓舞，并且在接下来的工作中创造更大的价值。具体说来，有八条原则值得我们借鉴。

第一条原则：说要的不如想要的

这是送礼和给员工奖励时应当遵循的首要原则。一家公司经过全体员工的努力，刚刚签回一张大单，为了表示感谢，管理者想为每位员工送上一份礼物。这里有三种选择：800元现金红包、800元提货单和800元上海高级时尚购物场所抵用券。送哪种比较好？如果管理者直接去征求员工的意见，得到的回答估计大都是要求送现金，因为有了钱他们愿意怎么花就怎么花。但是事实上情况出人意料，最让人开心的是送“外滩3号”的抵用券。为什么？对普通工薪阶层来讲，最让人开心的事情，莫过于去了那些自己想去但没有借口去的地方、有了自己想要但不好意思去买去用的东西。

第二条原则：涨工资不如发奖金

假如你手下一名员工现在的年薪是10万元人民币，因为他的表现很出色，你决定奖励他，你会从下面两个方式中选择哪一个？第一种：保持他现在的工资水平，但每年不定期发几次奖金，奖金总额为1万元人民币。第二种：把他的年薪直接涨到11万元人民币。一般人会选择第二种，但其实不定期给奖金反而会比涨工资更让员工开心。每次发奖金，都给了员工一种刺激，特别是不定期地发奖金，带来的幸福更频繁而持久。主管千万不要吝惜自己的钱包，要不失时机地给他们以金钱奖励，让他们感到自己的努力没有白费，多付出一丝辛苦就会多一分收获。

第三条原则：公开不如不公开

奖励需要公开吗？最好不要。为什么？因为人往往都过于自信，总认为自己比别人好。比如很多人看自己的照片，总爱说自己“不上相”，这听上去像是虚伪的话，但其实是过于自信的表现，他的潜台词其实是：我本人比照片漂亮。在奖励不公开的情况下，每个得奖的人都会认为自己比别人干得好，接下来的干劲也自然十足，这时候奖励的作用最大。不公开的奖励对其他人不会产生刺激，但可以对受奖人产生刺激。没有受奖的人也不会嫉妒，因为谁也不知道谁得了奖励，得了多少。

第四条原则：小奖不如不奖

一般观念认为：要人家做一件事，给物质刺激总比不给强。但其实很多时候，给物质刺激不如不给任何东西，特别是当物质刺激很小的时候。员工会拿所得物质与其他单位相比，还往往与更好的单位相比，比来比去就会产生不满情绪，反而收到不好的效果，所以小奖不如不奖。

第五条原则：有选择不如无选择

一般人认为，奖励下属，给他们选择比不给好。事实上并非如此。有时候，有选择反而使人患得患失。比如到了年底，一家公司的年终奖是去三亚度假，员工很开心；另一家公司的奖励是去珠海，员工也很开心；第三家公司是让员工在三亚和珠海之间任选一个地点度假。表面看起来，第三家公司的奖励措施似乎更加人性化一点，但在实际实行过程中，问题就出来了。选了三亚的人会想：我放弃了去珠海的机会是否可惜？去了珠海的人可能又会很想体验一下三亚是什么感觉。结果就是，两队人都觉得自己缺了点什么，反而没那么开心了。

瞧，事情就是这么奇怪。送人东西不要给人选择，直接给人家就是了。

第六条原则：晚说不如早说

你最想去的旅游地是哪里？如果给你充足的资金去那里，你选择马上去还是选择等一天？好的选择应该是：等一天。这是为什么呢？很多时候，快乐源于对快乐的期待，如果选择等一天，你可以有一天的时间来做梦，想象自己在度假的愉快的休闲时光。

第七条原则："大中之小"不如"小中之大"

这里有两杯冰激凌：一杯是10盎司的杯子装了8盎司的冰激凌；另一杯是5盎司的杯子装7盎司的冰激凌。前者比后者量多，但是送礼的话，后者要比前者好，因为单独评价时，人们往往认为小杯的冰激凌更多。送人一条价值400元的羊绒围巾和送一件价值500元的羊毛大衣，前者更让人开心。因为价值400元的羊绒围巾在围巾中是不错的高档货，价值500元的羊毛大衣在大衣中就很平常。也就是说，给人礼物最好是送小范畴里面的大东西，不要给大范畴里的小东西。

第八条原则：能用的不如不能用的

让我们仔细想想送礼物或给员工奖金的目的是什么？最根本的目的其实并不是要给接受礼物的人带来多大的实用价值，而是要让收礼的人高兴，让他知道你在肯定他的成绩，让他有继续努力的劲头，当然这个劲头越持久越好。这样一来，奖励给下属实用的东西就会出现一个问题，这个奖励很快就在下属面前消失了。所以，奖励下属最好是送那些用不掉、吃不掉、送不掉又扔不掉的东西，下属才能持久地记住这个奖励，因为这个物品每天会在他眼前晃来晃去，提醒着他这是一个奖励。比如送你的下属一张装裱过的他的画像、一本精美的公司画册，再让每位员工写一句话，并签上名字，等等。

人不管做什么，都不能忘记目的，管理者更是如此。奖励员工，是一件花样很多，也很考验匠心的活计，但目的只有一个，激励员工保持上进的势头。记住了这个目的，再加上一些符合上面八条原则的小手段，我们会发现，激励管理并不难。

激励手段不只有“奖金”

说到激励，很多人就会想到“工资”和“奖金”，这些固然重要，但是作为管理者，还必须掌握其他的激励方法，尤其是那些无“薪”的激励，则更能体现出管理者领导能力和企业管理水平。

1. 让工作更有挑战

没有人喜欢平庸，尤其对于那些年纪轻、干劲足的员工来说，富有挑战性的工作和成功的满足感，比拿奖金更有激励作用。因此，管理者要根据员工的要求，适当地进行授权，让员工参与更复杂、难度更大的工作，这一方面是对员工的培养和锻炼，另外一方面也提高了员工满意度。

2.“导师”制度

对于新员工来说，熟悉企业各项制度、掌握工作方法和认同企业文化的速度，主要取决于老员工对于新成员的接纳程度。因此，一个不错的建议就是，对于新进员工，采取“导师”制度，由一名老员工带一名新员工。这样做一方面可以让新员工尽快地熟悉岗位职责和技能要求，另外一方面，也是对老员工的一种工作激励。因为从心理学的角度来说，人都有帮助别人的愿望和要求，让老员工做新员工的“导师”，反映了企业对老员工的重视和尊敬，让老员工在心理上有一种满足感和荣誉感。

3. 让员工制订弹性的工作计划

传统目标管理的办法，是自上而下进行的，优点是可以将公司目标进行层层分解，落实到部门和岗位，缺点是缺乏灵活性，目标相对是固定的，但外界环境的变化导致目标的不可行或者无法完成，从而引起考核者与被考核者的矛盾。为了解决这样的矛盾，管理者要充分授权，给予员工更大的权利和自主空间，可以让员工制订弹性的工作计划，自己来安排完成目标的时间和方式，并可以在一定程度内进行目标调整，从而充分调动员工的积极性，激发员工的工作热情和创造性。

4. 组织大家进行休闲娱乐活动

公司可定期举行各种比赛和聚会、出游，不要以为只有大公司可以举办这样的活动，对于那些小企业，也可以在周末举办一些活动，或者跟自己的客户一同举办，这样不仅可以提高员工之间的交流与合作，还可以增进与客户的关系。另外，由部门组织的郊游、聚餐，不仅可以增进沟通，激励员工士气，提高员工满意度，而且可以培养团队精神，塑造团队文化。所以公司应该有一定的预算，鼓励员工结队出行。

5. 提供便利的设施和服务

为了方便员工的工作和生活，公司可以办一些福利性的机构和设施，比如洗衣店、幼儿园、便利店、班车、饮水间、休息室等，可以提高员工的工作满意度和对企业的归属感。但便利设施需要一定的投入，并且需要运营和维护费用，所以尽量不要分散自己在主营业务上的资源和精力，原则上是量力而行，不以赚钱为目的，并确保服务的质量，否则会适得其反。

激励员工应避免的观念误区

员工的工作效率、执行力、责任心、出勤率和满意度等，都与激励的成败有着千丝万缕的关系。管理人员的观念误区，常常是激励失败的根源。

1. 误以为忠诚度等同于承诺

有些员工只是为了享受年资越高所带来的越好福利，或者因为离开公司所要付出的代价太高等，因此决定留在公司直到退休为止。从员工的离职率来看，这种员工对公司的忠诚度高，但是不见得对工作尽心尽力，而且通常比较不具有创意，比较容易拒绝改变。要掌握员工对公司承诺的程度，除了员工留职率，公司还必须测量员工的生产力、创意，以及态度。

2. 误以为薪资是所有问题的答案

优厚的薪资当然重要，但是许多其他的事物同样是激励员工的要素，例如奖赏公平、工作具有发展性。

3. 误以为公司给的就是员工想要的

不同员工能被激励的方式不同，例如年轻工作者比较重视拥有自主权及创新的工作环境，中年工作者比较重视工作与私生活的平衡及事业发展的机会，老年工作者则比较重视工作的稳定性及分享公司的利润。公司不要以相同的方式激励所有的员工，在拟定激励计划前，先花时间了解员工间的不同。

4. 误以为满意度等同于承诺

有些公司认为，当员工抱怨时，公司解决他们的问题，便能提高员工对工作的满意度，进而提升他们对公司的承诺。结果公司一下子换掉走廊上老旧的饮料自动贩卖机，一下子更新办公室的座椅。做过头时，员工可能牵着公司走，逐渐把办公室变成舒适的工作场所，却不一定是具有生产力的工作地点。公司应该与员工间的意见领袖，共同讨论整体的策略，把宝贵的资源运用在解决系统性的问题上，而且员工也必须负起尽力配合的责任。

5. 时机不佳时便收手

激励员工对公司的承诺，是公司内部策略级的重要议题，不要只因为预算不足，就轻易把公司当初想达成目标的手段通通砍掉。

6. 只做表面功夫

如果公司激励员工承诺的方式，不影响公司原本做决定或分享资讯的方式；或者只有少部分的人积极投入，其他人都只等着事情改变；或者不需要评估分析成果；或者公司的主管或员工，都不需要有任何牺牲，那么，公司的激励方式，很可能只是在做表面功夫。

激励员工应避免的人才误区

激励的人才误区，主要表现在以下几个方面。

1. 重视人才贡献，忽视人才需求

人才价值不仅表现在人才对社会和企业承担的责任以及做出的贡献，也反映出社会和企业对人才的尊重以及需要的满足。实际工作中，有的企业不能正确看待人才价值，非常重视人才的贡献，忽视人才个人的需要，从而挫伤人才的积极性，也就谈不到创造性地开展工作。

2. 重视物质奖励，忽视精神激励

物质奖励和精神激励是企业中常用的激励手段。企业常采用提高工资、改善福利等手段进行物质奖励，往往能够取得一定效果。人才作为企业人力资源中的较高层次，更重视精神激励。精神激励对于激发人才的工作热情、满足自我发展需要、提高工作效率具有不可忽视的作用，许多企业至今仍然没有意识到这一点。

3. 重视人才储备，忽视人才浪费

决定人才的培养和使用有其周期性特点，即人才的时效性。即使是高素质人才，如果不能发挥作用，其拥有的知识和技能也会逐渐过期甚至失效。有的企业为了今后自身的发展，广揽人才，以形成人才储备，致使出现“大材小用、用非所学”现象，无形中造成人才能力不能正常发挥，从而出现人

才浪费。“人才高消费”现象就是具体的反映。

4. 重视人才学历，忽视人才能力

文凭已成为现代社会人们受教育程度的重要标志。许多人在实际工作中积累了丰富的实践经验，工作能力强，但由于种种原因，没有学历或文凭，因而无法提拔和重用。企业在用人时，往往注重人才的学历，忽视人才的素质和实际能力。有的企业选拔人才时以学历为条件，忽视人才的道德修养，致使一些不合格的人走上重要岗位甚至领导岗位，造成企业经营管理的混乱，以至于带来经济上的损失。

5. 重视人才绩效，忽视人才差异

人才学家经过研究发现，不同类型人才在工作中的行为方式、思维路线和成果类型各不相同。企业在用人过程中常出于对利益的追求，十分重视人才对企业的贡献，认为人才应当带来效益，而没有考虑到人才的差异。因而一旦效益不理想，则对人才求全责备。有的企业甚至给人才制订相应的效益任务要求完成，给人才形成巨大的压力，往往也得不到好的效果。

6. 重视人才投资效益，忽视人才施展才华的条件

引进或培养人才也是一种投资，必然会给企业带来收益，但需要一定的条件。条件不仅包括生活方面的工资、福利、住房，更重要的还在于工作中的权力、责任范围、人际关系等方面。用人环境和条件是人才发挥效能并带来效益的关键所在。不少企业以高工资、高福利来吸引并安置人才，但并没有为人才创造发挥才能的环境，使人才无法顺利地开展工作，自然也就谈不到为企业带来效益。

7. 重视人才才干，忽视人机协调

人机协调是指人才能力类型、能级水平和知识结构与工作岗位的要求相适应，使人才的作用得到充分发挥。反之，人机不协调，将限制人才作用的发挥。企业重视人才才干、忽视人机协调将导致人才用非所长，往往出现工作效率低下、不安心工作的后果。

8. 重视人才使用，忽视人才培养

心理学家认为，人尚有相当部分的潜在能力没有被认识并发挥出来。发挥潜能可以极大地提高工作和学习效率，并带来惊人的收益。教育和培训不仅是挖掘潜能的重要方式，同时也是适应科技发展、知识更新的重要手段。由于人才已经具备了较高的文化素质和能力，不少企业认为，人才在于使用，因而无须对人才进行培训。这种观点不仅不利于人才潜能的发掘，更不利于人才的发展和提高。

9. 重视人才引进，忽视人才使用

人才的本质及特征在于其所进行的创造性劳动。只有在企业经营管理活动中真正以自身创造性实践为企业和社会做出贡献的人，才能称为人才。许多企业注重如何吸引人才，想方设法招募人才，但对人才进入企业之后如何发挥作用、需要什么样的条件和支持很少过问，使得不少人才发出“英雄无用武之地”的感慨，“跳槽热”也反映出企业在用人方面的不足。

10. 重视组织稳定，忽视人才流动

人才流动是社会生产发展的必然结果。企业从自身角度出发，一方面需要稳定的人才队伍，以维持企业正常活动的开展；另一方面，借助人才流动，调整企业人才结构。不少企业从组织稳定的角度出发，为人才流动设置了许多障碍，以避免由此带来的损失，同时尽可能减少人才流动。这种做法

实际上大大降低了企业对人才的吸引力，损害了企业形象。

11. 重视人才数量，忽视人才群体结构优化

合理的人才群体结构不仅能够充分发挥人才的才能，而且能以人才在年龄、学历、专业、能力等方面的互补，形成人才群体的整体效能。企业在引进人才的过程中，通常注重人才的数量，但不考虑人才的层次结构是否合理，是否有助于在个人能力充分发挥的同时，实现人才群体结构的规模效益。

12. 重视外部人才引进，忽视内部人才开发。

企业获取人才有两种渠道：外部引进和内部开发。两种渠道各有利弊。不少企业将两种方式有机结合，以利于人才选拔。但有的企业注重引进外部人才，既可在短期内拥有相当数量的人才，又可降低培训开支，因而忽视对内部人才的开发，特别是内部潜在人才的挖掘和培养。这样不但不利于现有人才资源的合理利用，同时也会挫伤内部员工的积极性。

激励员工应注意避免的陷阱

在实践中要注意，下面十件事会使激励完全失败，应极力避免。

（1）基层员工完成了任务，却奖赏他们的上司和同僚。

（2）期望员工样样都行，十全十美。

（3）强调过程，不重视结果。认为员工怎么工作，比为什么工作重要。

（4）完全不鼓励有创意的思考，公开表示只有高层经理才有好观念。

（5）当事情进行顺利时，却横生枝节，另出点子。

（6）好管琐事，如购买文具、复印文件，等等，却忽略公司业务及如何激发员工的潜能。

（7）组织形式复杂，充满不实际的“官僚阶层”。

（8）从来不和顾客接触（或很少），认为顾客总是找麻烦。

（9）强调计划、组织等的配合会形成绩效，忽略了人的重要性。

（10）喜欢多雇用员工，认为庞大的组织就是好组织。

这就是说，对员工要多多鼓励，但鼓励要有好的方法。

被激励者对自己满意时，最容易影响他。因为他拥有自尊心，不再忧虑别人对他的看法和自己的地位。他与环境融为一体，你可以利用他的自信心去影响他。

激发下属潜能的五种方法

在工作过程中，有无成就感是决定一个人对本职工作热爱程度的一个关键因素。一个容易取得成就的岗位，带给人的是活力，是激情；而岗位本身的呆滞、机械、重复，往往会扼杀原本很优秀的人才。因此，从一定意义上说，作为管理者，一个最为根本的工作目标就是创造所属部门或机构的成就，激发部属从事这项工作的积极性。

1. 渗透理念，轮岗换位

一名优秀的主管，应该深深懂得每一个机构的分量，并能将自己的理念渗透给该岗位的从业人员。至少，这样能显示出主管对该岗位工作的重视程度。当然，一个机构或单位总有其核心部门，绝大多数工作或业务是由这些核心部门的人员承担的。而一些辅助部门则承担相应较少或较不引人注意的工作任务。为使内部激发出活力与生机，就有必要形成轮岗换位的机制。若铁板一块，必然不利于整体工作。

2. 善于交流，及时肯定

主管与下属之间不能彼此隔绝，而应该经常交流、探讨，这样一来，既可以增进彼此之间的了解，又可以促进工作。集体内形成一种自然的亲和力，一种融洽而又富有人情味的环境，会给下属以极大的鼓舞。“我干的这项工作到底有多大意义，主管能给它打多少分？”这是每一位下属都想弄清楚的问题。有的主管只是布置任务时说一下，工作中间强调一下，而对完成这项工作有何意义，如何搞好这项工作，还有什么具体的意见或建议需要交流，则根本不说。这样下属也不会重视，心理上便产生了懈怠，如此，岂能干好工作？即便勉强干完，也会因质量不高而多次受批评，并因此更加灰心丧气。所以，主管与下属的交流是非常重要的。

3. 稳健授权，强化责任

成就感的取得，一方面来自领导的认可，另一方面，也是最重要的一个方面，则来自公众对这一部门乃至该岗位职责的趋同理解。当独立于该部门之外的社会公众对该部门的求助或期望值升高时，该部门员工的成就感就会相应地增加；相反，若社会公众对该部门的求助或期望值降低，该部门员工的成就感就会相应地减少。一名优秀的主管，必须充分挖掘并发挥本部门的最大职能，强化责任意识，积极而又稳妥地对本部门的各个工作机构进行授权，将本部门的强大职能分解到各个工作机构当中，从而给部属带来工作的刺激——这是对一个人工作能力、水平的最好检验，即只有在大量具体工作的实践过程中方能显出一个人的能量到底有多大。而就目前来讲，工作与权力相联系，只要工作正常运转，权力便会日益稳固。而愈是如此，对具体的工作者来说，其成就感就愈强。

4. 正视现实，公平相待

作为一个部门，设立一定的级别等级是十分必要的。按照一般理解，高一层次的职员，其经验及智力均是高于低一层次的。然而，当前的实际情况并非如此，一些部门主要领导的工作能力及学历层次不及下属的大有人在。对此，必须正视。对策是：一个部门对外应以级别之高低而相应接待并处理各类事务；对内则应平等相处，共同提升，增强活力，而不可仍以对外之“外交面孔”对内，内部各级同事之间皆应公平相待，热诚相处，多搞活动，联系情感。此外，还应在薪金及奖励方面对公认的评估较为优秀的下属给予倾斜，如此，方能调动同志们的工作积极性，增强所在部门或机构的活力。

5. 防止怠工，培训升迁

在一定的纪律约束下，下属自觉、自愿、自动地参与是产生质量、效率、效益的基本条件，离开了这些基本条件，光有纪律约束也不会有多大作用，一个很现实的问题是消极怠工所造成的损失要大得多。一个明智的主管，总能想方设法防止因下属情绪上的原因而造成的怠工。但这并不是靠一两条规定的出台所能做到的。有远见的主管不能仅仅满足于维持最起码的管理秩序，而应力求建立起竞争机制，创出特色。单位能否给予下属一定的培训升迁机会，是这一下属能否对本职工作或单位的未来产生浓厚兴趣的重要一环。与下属的未来相联系，提供的培训升迁性就愈高。高明的主管正是通过不断提供这样的机会，促使下属产生自我价值实现的冲动，从而达到自己欲求之目的。

激励下属士气的七种方法

在实际工作中，主管经常扮演的是这样一种角色：他们必须依靠指引或影响部下的活动才能完成领导职责和组织任务。这种指引或影响的主要内容之一就是激励。因此，怎样激励下属完成工作目标，就成为了每一位主管必须掌握的一项领导艺术。

1. 设置有难度的具体目标

经常听到有主管鼓励部下："尽最大努力去做！"但是，"尽最大努力"意味着什么？这容易让人感到模糊不清。激励的首要源泉是工作目标，前提是它必须告诉你们要做什么以及需要做出多大的努力。具体的目标比笼统的"尽最大努力"效果更好，因为它能使大家明白到底要做什么，清楚地认识到现实与目标之间的距离，并以此随时调整工作的方法和进度。而困难的目标比容易的目标更有激励性。因为困难使部下感到需要投入更多的时间、精力和创造力，因而容易调动起他们的潜力。另外，如果主管注意时常把部下努力工作所取得的成果反馈给本人，那么他们会对目标和差距一直保持清醒的判断，下一步将做得更好。

2. 获得高度的目标承诺

虽然有许多主管对部下要求很高，所制订的目标也很具体，但是这一目标如果不能被部下接受，或者虽然表面接受却私下降低要求或中途放弃，那么目标激励就无从谈起。要想让部下一直忠于目标，要注意三点：一是工作的难度要合理。虽然现代人喜欢接受挑战，但对于严重超越自己能力和客观环境条件的目标，承诺度会比较低。二是让激励对象自己参与目标计划的制订。与强加的目标相比，人们没有理由反对自己定下的目标。三是把目标公布于众。因为大多数人不愿意被别人看成是出尔反尔、懦弱无能的人，因此会尽力实现当初的目标承诺。

3. 必要时需要鼓劲打气

再坚强的人也会有脆弱的时候，尤其在艰巨的任务前更会如此。在反复的挑战和挫折中，支持人们继续努力、加倍努力的是自己的信心，只有信心才能巩固人们对目标的期望。部下的信心来自对自己能力与环境条件的对比和判断。如果部下看不到自己的潜力，同时又错误地高估了工作任务的难度，那么他的心理压力就会很大，自信心就会降低。所以，明智的主管应该在必要时跟部下一起探讨工作问题，帮助他们看清形势，给他们鼓劲打气，坚定其对成功的信心，同时鼓励部下运用自己的创造力解决所遇到的棘手问题。

4. 进行令人信服的考核评价

部下经过努力获得的工作成绩只有得到主管的肯定之后才能产生激励效果。他们的继续聘任、培训、晋升和提职机会等都取决于主管对他的评价。而成绩的评价在很大程度上取决于主管的主观判断。尽管有些成绩可以对照原先制订的具体目标，衡量起来比较客观，可仍有许多指标无法客观测量。例如，对部下的工作态度、努力程度等方面的评价只能以主观方式进行。在这种情况下，如果部下觉得上级领导对自己的评价不合理，就极有可能与领导形成心理上的隔阂，丧失今后工作的积极性。因此，要想对下属做出恰如其分的评价并让他们口服心服，就必须在上下级之间进行充分和有效的沟通，促进了解，避免误会，并且在可能的情况下让部下参与到成绩评估和考核中来。这不仅可以得到更准确、双方都认同的考核结果，而且部下对结果的认同也有助于今后他对工作的主动求进。

5. 公平对待所有下属

某些主管潜意识里总以为给部下的奖励是一种施舍，给予之后部下就应该知足，积极性立刻高涨，然而常常事与愿违，出现“端起碗来吃肉，放下筷子骂娘”这一令人百思不得其解的结果。其实人的积极性不只受报酬绝对值大小的影响，而是更多地与比较低的相对报酬有关。分配的不公影响集体的凝聚力和士气。因此，主管要想让部下满意，不应该仅仅给他们奖励，更重要的是公平合理地分配奖励。第一，公平对待部下，给他们同等的竞争机会；第二，在投入和贡献对比的基础上进行合理的利益分配；第三，必须有公平且透明的过程，也就是把结果产生的过程告诉部下，使他们相信利益的分配已尽可能地做到公平。总之，只有公平的激励才会产生应有的积极效果。

6. 给部下想要的东西

部下拼命工作只是为了获得更多的物质利益吗？无私奉献和做人的良心虽然都是很高尚的理由，但不会是全部理由。他们是想获得主管的赏识还是获得别人的尊重？是为挑战自我还是为体验成功？是为追求真理还是想在事业上谋求进一步发展？……世上凡人无不想满足自己的愿望，每个部下也不例外。有的主管以为所有部下都有同样的需要，都想得到同样的东西，这种想法过于简单。试想，部下努力工作以期被领导重用，但得到的却是奖金；或者部下希望得到一个能够发挥其创造潜力的挑战性工作，但得到的只是几句表扬的话，长此以往，部下的工作热情能不受影响吗？这说明，各人有自己不同于别人的特殊需要。如果他们发现无论怎样努力也得不到自己想要的东西，那么在工作中就会不思进取而只求得过且过了。因此，主管应该认真了解部下的需要，仔细分析不同下属之间个人需要的区别，因人制宜地实行灵活的差别化奖励，这是让所有部下都保持良好精神状态的秘诀。

7. 展现你的领导魅力

现代管理者影响部下的方法不应是凭借权势压人或利用物质引诱实行温情策略，因为真正的领导与普通当权者的根本区别在于前者拥有超越权力的影响力。有时管理者对追求的理想抱着坚定信念，对需要变革的环境和拥有的资源能做出清醒判断，有令人折服的远见卓识，确定目标后就一往无前地全身心投入，敢于创新甚至不惜付出自我牺牲的代价；他们是以自己的人格魅力感染部下，以自己的勇气、激情、才智和奉献精神给部下树立学习的榜样。在他们的领导下，部下可以不计较个人得失、私人恩怨，克服常人难以逾越的困难，为实现集体的宏伟目标而共同努力。这样的领导都是先激励自己，然后再以自己去激励他人的。

医治人心涣散的六种方法

凝聚力是衡量一个部门是否有生机和活力的关键因素。有了凝聚力，部门职工会有强烈的归属感，全心致力于公司的发展。而人心涣散的公司部门就如患痼疾的病人，精神萎靡、发展乏力。如何根除痼疾、增强凝聚力是主管经常遇到的问题之一。治病讲究“治标更要治本”，在下药之前只有找到病根，才好对症下药，收到药到病除的效果。要根治“涣散”这一病症，应该从以下几个方面着手。

1. 沉稳的重要性

面对涣散的局面，应多看少动，不要只从表面现象或枝节上应付，急于提出一些不成熟的解决措施。如针对纪律涣散问题，不加区别地制订严格的规章制度，并对违规者实施惩罚。这种措施看似客观公正，但是由于导致涣散的根本问题没有解决，实施起来常常会引起大部分人的消极应对和反抗，产生相反的效果，引起更大混乱。所以，在没有全面了解涣散的原因之时，最好的方法是静观其变。当然，这里的静观不是说无所作为，而是为深入调研做好充分的准备。

2. 摸清涣散根源

正确的决策不会凭空产生，必须经过实际的调查研究。在调研的过程中，要放下身段，深入到下属当中通过召开各种座谈会，组织问卷调查，进行思想感情交流，了解涣散的真正原因。在调查中，要善于运用唯物辩证法的矛盾之间的相互关系，抓住导致人心涣散的主要矛盾。

3. 选对突破口

在调研的基础上，要精心筛选出下属反映最为强烈，同时在较短的时期内能够解决的几个问题，组织精干的班子，调动各种力量，实施突击，争取为下属解决一些实实在在的问题。应通过事实让群众或员工相信主管是为大家办实事的，是有能力把公司建设好的，以此来激励员工的士气，更快、更好地凝聚人心。

4. 完善规章制度

在真正为下属员工办了实事、好事之后，部门的凝聚力和向心力会很快得到提升，但是要将这种良好的局面长期保持下去，除了继续为员工解决实际困难，还必须有一套客观、科学的规章制度加以保证。俗话说，没有规矩不成方圆。任何一个社会组织都要有相应的规章制度来约束人们的行为和协调各种关系，健全的规章制度对一个人心涣散的公司尤其重要。一个组织如果没有合格的管理制度，各部门分工不明，员工各行其是，那么，个人行为的随意性必然导致矛盾和冲突，从而产生内耗，使单位整体丧失凝聚力、战斗力。同时，在执行规章制度的过程中，一定要严格遵守，敢于碰硬，树立起规章制度的权威性。否则，正气得不到弘扬，歪风得不到遏制，纵然有完备科学的制度，单位也只能是一盘散沙。

5. 人心涣散时的民主与决策

在一个人心涣散的企业，让下属员工充分参与事关整个单位和群众利益的决策，可以最大限度地调动他们的积极性和创造性。员工参与的过程，实际上是向人们宣传解释、赢得大多数人支持的过程，是凝聚人心的过程。

6. 率先垂范

管理者要注重自身的人格修养，以公道正派、无私奉献、爱岗敬业的高尚品德来凝聚人心。对待繁杂的事情要能够分清主次和轻重，做出清晰的判断，并应有令人钦佩的远见卓识。确定目标后，还要锲而不舍，全身心地投入，用自己勇气、能力和奉献精神来打动和激励职工，为职工树立起一个好的榜样。

第8章

巧妙化解团队中的冲突和危机

群体间的冲突可以为变革提供激励因素。

——美国西点军校

善于把非消极冲突转化为积极因素

主管处理员工冲突，首先必须确认哪些冲突是消极冲突，哪些冲突是非消极冲突。对于消极冲突，主管自然应该尽量使用各种手段将冲突迅速消除；但对于非消极冲突，主管需要积极地引导，以促使非消极冲突变成对组织有利的因素。

1860年，林肯当选为美国总统。有一天，有位名叫巴恩的银行家前来拜访林肯，正巧看见参议员蔡斯从林肯的办公室走出来。巴恩对蔡斯十分了解，于是对林肯说："如果您要组阁，千万不要将此人选入，因为他是个自大的家伙，他甚至认为自己比您还要伟大得多。"林肯笑了："呵呵，除了他以外，您还知道有谁认为他自己比我伟大得多呢？""不知道。"巴恩答道，"您为什么要这样问呢？"林肯说："因为我想把他们全部选入我的内阁。"

事实上，蔡斯确实是个极其自大且嫉妒心极重的家伙，他狂热地追求最高领导权，不料落败于林肯，最后，只坐了第三把交椅——财政部部长。但是蔡斯确实是个大能人，在财政预算与宏观调控方面很有一套。林肯一直十分器重他，并通过各种手段尽量减少与他的冲突。

后来，《纽约时报》的主编亨利·雷蒙拜访林肯的时候，特地提醒他萨蒙·蔡斯正在狂热地谋求总统职位。林肯以他一贯的幽默口吻对亨利说："你不是在农村长大的吗？那你一定知道什么是马蝇了。有一次，我和我兄弟在农场里耕地。我赶马，他扶犁。偏偏那匹马很懒，老是磨洋工。但是，有一段时间它却跑得飞快，到了地头，我才发现，原来有一只很大的马蝇叮在它的身上，于是我把马蝇打落了。我的兄弟问我为什么要打掉它，我告诉他，不忍心让马被咬。我的兄弟说：哎呀，就是因为有那家伙，马才跑得那么快的呀。”

把非消极冲突转化为积极因素，作为领导，林肯就是这样处理非消极冲突的。

正面应对团队冲突

美国西点军校编著的《军事领导艺术》一书对冲突的积极作用进行了深入探讨，并指出，群体间的冲突可以为变革提供激励因素。当工作进行得很顺利，群体间没有冲突时，群体可能不会进行提高素质的自我分析与评价，由此，群体可能变成死水一潭，无法发掘其潜力，通过变革促进成长与发展，群体间存在冲突反倒会刺激组织在工作中的兴趣与好奇心，这样其实反而增加了观点的多样化以便相互弥补，同时提高了紧迫感。

通用汽车公司发展史上有两位重要人物，由于他们对冲突和矛盾所持的不同看法和做法，给通用公司的发展带来了不同的重大影响。第一位是威廉·杜兰特，其在做出重大决策时大致上用的是“一人决定”的方式，他喜欢那些同意他观点的人，而且可能永远不会宽恕当众顶撞他的人。结果，由他领导的由一些工厂经理组成的经营委员会在讨论任何一项决策时都没有遇到一个反对者，但这种“一致”的局面仅仅维持了四年。四年之后，通用汽车公司就出现了危机，杜兰特也不得不离开了公司。

另一位对通用汽车公司有重大影响的人是艾尔弗雷德·斯隆，是迄今为止通用汽车公司享有最崇高声望的领导者，被誉为“组织天才”。他曾经是杜兰特的助手，并在后来成为杜兰特的继任者。他目睹杜兰特所犯的错误，同时他也尽力修正了这些错误。他认为，世界上没有一贯正确的人。在做出决策之前，都必须向别人征求意见，他会在各种具体问题产生时阐明自己的观点，但他也鼓励争论和发表不同的观点。这使他取得极大的成功。

从这件事中引以为戒的是如何看待企业内的冲突和矛盾。对今天的管理者来说，没有冲突的企业是一个没有活力的组织，作为管理者要敢于直面冲突和矛盾，“闻争则喜”应成为管理者的信条。

被誉为“日本爱迪生”的盛田昭夫则用自己的亲身经历进一步说明了管理者应如何正视这种冲突。他认为：大多数公司一谈到“合作”或是“共识”时，通常意味着埋没了个人的意见。在索尼公司，我们鼓励大家公开提出意见。不同的意见越多越好，因为最后的结论必然高明。在盛田昭夫担任副总裁时，曾与当时的董事长田岛道治有过一次冲突。由于盛田坚持自己的意见不让步，使田岛很愤怒，最后他气愤难当地说：“盛田，你我意见相反，我不愿意待在一切照你意见行事的公司里，害得我们有时候还要为这些事吵架。”盛田的回答非常直率：“先生，如果你我意见是完全一样的，我们俩就不要待在同一公司领两份薪水了，你我之一应辞职。就因为你我看法不一样，公司犯错的风险才会减少。”

对于主管来说，既然冲突和矛盾是必然的和普遍存在的，就不应回避、抹杀或熟视无睹，更不要为暂时的“一致”所蒙蔽，甚至人为地营造“一致”的现象。总之，任何一个人的认识能力都是有限的，一个人的意见不可能永远正确。而有冲突和矛盾也许正是弥补这一不足的最佳方案，只要协调合理，沟通及时，冲突反而会造就之后的成功。

处理管理中的冲突，要把握两点原则

对于主管来说，处理管理中的冲突并不需要太多的原则，只需要记住下面两点，所有冲突的处理都不是太难的事情。

1. 要学会感激

著名成功学家安东尼·罗宾指出：成功的第一步就是先保有一颗感激的心，时时对自己的现状心存感激，同时也要对别人为你所做的一切怀有敬意和感激之情。如果你接受了别人的恩惠，不管是礼物、忠告，或帮忙，而你也够聪明的话，就应该抽出时间，向对方表达谢意。无数的事实证明，及时回报他人的善意且不嫉妒他人的成功，不仅会赢得必要而有力的支持，而且还可以避免陷入麻烦。嫉妒逼迫人不仅难以使自己“见贤思齐”，虚心向善，而且也会影响自己的心情和外在形象，更主要的是，这会使自己失去盟友和潜在的机遇，甚至还会树立强敌——因为一般来说，被别人嫉妒的人应该不会是弱者，以“一报还一报”的心理，他也不会对你太客气。

2. 一切着眼于未来

主管处理冲突也是需要一些耐力的。在这个意义上，宽容就是耐心，就是给第二次机会。即便有过一次背叛和冒犯，但只要不是天大的仇怨，就要以一切着眼于未来的心态，给对方改正的机会，从而有助于重新合作。事实上，这种机会往往也是给自己的，就像自己会荒唐、会短视、会无意冒犯别人一样，别人也是可以原谅的，但同样的错误只能犯一次，犯错可以无意一次，却不可能无意两次。要学会对事不对人，在你给别人第二次机会之前，一定要告诫自己“是事错了，而不是人错了”，这样你就可以给他一个完整的机会。对于主管来说，使未来显得比现在重要，也是利于促进合作的。

对待“刺儿头”人物，要有分别地处置

管理者要正确面对不同的下属。在任何企业中，都会有一些不太容易管理的“刺儿头”人物，他们或者是老板的亲戚朋友，或者认为自己是能力超群的明星员工，或者是从创业时期就跟随老板一起打江山的老资历。无论是哪一种，都有一个共性，总感觉被管理者压在头上是一件很不爽的事情，也总想着凭借自己的一点点特别之处和管理者针尖对麦芒。有没有什么方法能管理手底下的这些“刺儿头”人物呢?

对于这些特别的下属，肯定要管，但也要讲究一定的策略，下面几点注意事项可供管理者参考。

1. 容纳恃才傲物者

“有高山者必有深谷，有奇才者必有怪癖”。恃才傲物的下属常常特立独行，具有鲜明的个性。他们聪明、能干，是某一方面或某几方面的行家里手，充满创新精神或者野心勃勃。但他们往往是理想主义者，眼睛里容不得沙子，看不惯的人和事情，就会仗义执言，而且狂妄自负，根本不把任何人放在眼里，也不会轻易被权威所折服。这种人目空一切，有时还玩世不恭，对什么都不在乎，对工作非常懈怠，以至于工作质量和效果都比较差。这样的下属必然会破坏团队齐心协力、团结合作的良好气氛，其他的下属也容易

被他们忽悠，以至于工作效率和积极性都大打折扣。

对于这种下属，管理者应从以下几个方面着手。

第一，提高素质，争取做到以才服人。如果自己的业务能力，哪怕只是某一方面能力强于他们的话，这些人就会对你心服口服。

第二，这种人服软不服硬，管理者不妨在无意间表达对他才华的佩服，还可时不时请教他一些问题，这样既能拓宽工作思路，也容易让他们服从管理。

第三，可以有意杀其威风，安排一两件看似简单实际上很难的工作让他们去做。他们如果完不成，碍于面子，自然就不会再嚣张了。

第四，容纳他们，并充分利用其专长，给他们一个展示自己才华的平台，满足其成就感，这样最能收服他们的心，而且还能达到“老板成就下属，下属成就老板”的良好效果。

中尾哲二郎在一家工厂干活，这家工厂的厂长龟田一直没有重用他，因为他总是跟老板唱反调，甚至经常争吵。一次偶然的机会，松下幸之助发现了中尾哲二郎，经过调查，得知他虽然事事都跟老板作对，但并非故意刁难，而是他的一些特别的想法得不到老板的认可。得知此事后，松下很诚恳地邀请他到松下公司工作。

1927年，中尾哲二郎开始在松下公司担任技术员。八年之后，松下邀请他加入正在飞速成长的松下电器公司的执行董事会，又过了两年，中尾哲二郎又成为决策部门的高级董事，最后做到了松下公司的副总裁。在松下工作的几十年间，中尾哲二郎那种唱反调的工作态度丝毫不改，时常与同事、上司，甚至是松下发生争执，在董事会里面也常常唱反调，但松下还是容纳了他，因为他真的有才华和才干。松下自己也承认，要不是邀请到中尾哲二郎加入他的事业，松下公司的发展，可能要打个很大的折扣。

2. 小人必须得收拾

在一个团队中，免不了会有几个害群之马，为了达到自己的目的，他们趋炎附势、溜须拍马、妒贤嫉能、搬弄是非、蛊惑人心、挑拨离间、口蜜腹剑、背主求荣、过河拆桥、忘恩负义、心狠手辣、不择手段、拉帮结派……这就是所谓的小人。

对付小人下属，既要有一定的原则，还要有一定的策略和技巧。

第一，勤于检点。“无风不起浪”，自己不贪财、不好色、不虚荣、道德高尚，小人的生存空间自然就窄。

第二，善于分辨。对付小人难在如何分辨，这需要长时间的观察，从其一言一行中去辨别，找准了目标才好下手。要注意的是，在此期间要从容镇定，不能打草惊蛇。

第三，果断下手，要做到“稳、准、狠”。稳，就是稳操胜券，开刀之前要搜集好证据并揭露其罪行，让上上下下都看清小人的真实嘴脸，争取一剑封喉；准，就是直指其弱点，直刺痛处，让小人无话可说；狠，就是出手利落，坚决果断，切忌犹豫不定，拖泥带水。

3. 学会应对“老资格”

所谓“老资格”是指那些资格老的人，他们工作时间长，对团队的大小事情了如指掌，人际关系也较广，有的甚至还可能是管理者过去的同事与领导。因为资历老，他们处处以元老、功臣自居，工作上勉强应付，话语中夹枪带棒，行事上不阴不阳，交往中拉帮结派，动不动讨价还价，个人利益稍微受损，就撂挑子、闹情绪，根本不把年轻的管理者放在眼里。

对于这种下属的处理也是两难的：处处迁就吧，管理者威望扫地，还怎么去管理其他下属；坚决处理吧，他们在团队中很有号召力，牵一发而动全身，事情闹大了就更棘手了。即使处理，稍有不当又会落得个卸磨杀驴的恶名，也寒了众人的心，从此无人为团队卖命。

怎么管理这些“老资格”呢？首先是要尊重他们。

赵武灵王有个叔叔，人称公子成，是一位很有影响的老臣。赵武灵王推行“胡服骑射”改革时，就亲自登门拜访他这位老叔，跟他反复地讲穿胡服、学骑射的好处，公子成的思想工作被做通了，就带头穿起胡服。大臣们一见公子成也穿起胡服来了，没有话说，只好跟着穿了。

管理“老资格”的另外一个办法就是让他们“功成身退”。

刘秀东汉王朝的建立，得力于一大批为他卖命打天下的功臣宿将。他知道开国功臣的权力过大，将会对皇权造成威胁。但他没有采取汉高祖刘邦“狡兔死，走狗烹”的强硬手段，而是采取了保全功臣的怀柔之法。他大封功臣三百余人，赏赐给他们可观的封地，众多的民户，大量的钱帛，并彰扬他们的功勋。然后，劝他们一律回到自己的封地去过荣华富贵的生活，不再参与朝政。刘秀还不时派官员去慰问，把异域的奇珍异宝分送给他们。这样，东汉初期统治集团内部没有发生内乱，保持了政局的相对稳定。刘秀既巩固了皇权，还得到了一个“不亏待功臣”的美名。

4. 管好身边的人

管理者身边的人，既指管理者作为自然人而接触的一些亲密的人，如妻子孩子、父母兄弟以及亲戚朋友，也指因为工作关系而产生的那些经常在一起而且关系很近的人，比如秘书、司机、保镖等。这些人虽然无职无权，但俗话说“宰相门前七品官”，这些人心理上就有一种优越感，感觉自己就是领导。他们如果狗仗人势、狐假虎威，打起领导的幌子到处兴风作浪的话，不仅能谋取私利，还会让下属对管理者误解，甚至可能将领导本人拉下水。

南北朝时期的梁武帝萧衍既是开国皇帝，又是亡国之君，萧梁政权短命的原因固然很多，其中很重要的一点是，他竟然纵容身边人搞腐败，以为那是维护领导班子团结的主要方式，结果导致国破家亡。梁武帝即位后，片面地汲取了刘宋“骨肉相残”的教训，企图用无原则的迁就去实现所谓的“骨肉相爱”，包容甚至鼓励皇族成员贪赃枉法。他的六弟临川王萧宏搜刮民财贪得无厌，有近百间仓库，其中30余间用于藏钱，每间1000万；剩余的仓库里装满了布、绢、丝、漆、蜡等贵重物品。梁武帝知道后不但不予以批评，反而称赞他会过日子，致使当时的奢侈之风愈演愈烈。

尽管梁武帝在位48年期间，一直这样姑息迁就身边的人，结果却事与愿违。国难之时，他的养子萧正德竟然秘密派船协助叛军渡过长江，指点他们包围了梁武帝的住处。当梁武帝望眼欲穿等待各路诸侯救驾时，被他纵容惯了的亲信们却按兵不动，只顾自己吃喝玩乐，静等梁武帝死后取而代之。

为了防止梁武帝的悲剧重演，管理者务必要管理好身边的人，还要做到自身素质过硬，是非分明，廉洁奉公。所谓“修身齐家治国平天下”，自己一身正气才能管理好家属与身边的人，才能当好主管。此外，就是严禁身边人打着自己的旗号招摇撞骗，同时告诉所有下属，身边人来办什么事情一律不接待，这样他们自然就没有生存的空间。要做到这些，关键在于冲破情面的障碍，不怕落下一个“六亲不认”的罪名。

5. 巧妙对付有来头的人

有来头的人就是有背景的人，他可能是某位高位领导的亲戚，也可能是某位长老元勋的家人，更可能是能决定领导命运的直接上司的身边人。对于这些人的管理，管理者往往投鼠忌器，想管不敢管，想管也管不了。如何才能管理好他们呢?

第一，态度坦诚地与他们沟通，争取他们的支持。

第二，有些工作可以帮他们扛一下，小的过失可以原谅他们，毕竟“得道多助，失道寡助”，他们会感激你的。

第三，争取“上面人”的支持，这既包括有来头者身后那个靠山，也包括自己的上司，有了他们的支持，难题就迎刃而解了。

第四，处理这些人一定要有理有据，师出有名就会让说情者免开尊口。

清朝末年，太监安德海奉慈禧太后之命外出京城结纳外臣。哪知这安德海骄横惯了，出京之后四处聚敛钱财。当他到达德州，就向德州知府丁宝桢索要贿赂。丁宝桢见其并未携带圣旨，于是就果断地将安德海一行人捉了起来，并立即斩首。原来清宫历来有一条祖训，宫内太监不许擅自离开京城40里，违者格杀勿论，并且可以由地方官将其就地正法。丁宝桢也正是抓住了这一条，杀了安德海以绝后患。一旦将安德海放虎归山，那么日后他必定会在慈禧太后身边百般地陷害和诬蔑丁宝桢，丁宝桢的下场可想而知会有多么惨了。

6. 坚决拆除“朋党”

孟良崮一役，国民党整编74师全军覆没。在国民党军内部认为，这责任在于83师师长李天霞、25师师长黄百韬救援不力。黄百韬行动迟缓，整整一个美式装备师，三天打不下一道天马岭。李天霞则根本没有行动，虽然蒋介石亲自给他打电话督促，但他竟然只派了一个加强连，冒充83师，虚张声势，向孟良崮攻击前进，声言拯救张灵甫，其主力军按兵不动，作壁上观，眼睁睁地看着友军覆灭。

蒋介石怒气冲天，因为这是他亲自批准的作战计划，而且张灵甫已经成功地吸住了数十万解放军，如果救援部队行动迅速，不仅张灵甫不会死，甚至还可将华东野战军一口吃掉。蒋介石决心杀李天霞、黄百韬，以平黄埔系军官以及自己的愤怒。

结果呢？在华东战场军事检讨会议上，未等蒋介石说话，总指挥顾祝同为了自己的面子，首先指示黄百韬上场，大骂张灵甫违抗命令，擅自行动；然后慷慨激昂，拍着胸脯表示，愿承担所有责任，与顾总指挥无关，与兵团司令汤恩伯也无关。黄百韬侃侃而谈，发言长达两个小时，显然经过精心准备，并且与顾祝同、汤恩伯有过密谋，他们为了一己之私，为了逃避责任，把张灵甫说成了千古罪人。

李天霞做贼心虚，本来是准备受罚的，可是会议开始，他就发现有机可乘，于是急忙追随黄百韬，称张灵甫目中无人，自作主张，大意轻敌，导致全师败亡……口若悬河，唾沫横飞，把张灵甫骂得一钱不值，把自己夸得花朵一般。这下蒋介石傻眼了。俗话说“法不责众”，何况这里面还有顾祝同、汤恩伯，他们结成团伙，官官相护，连蒋介石也顾忌三分。毕竟以后打仗过日子，蒋介石还得靠着这帮人呢！

所以，这个杀气腾腾的军事会议最终做出了一个软绵绵的决定：汤恩伯撤职留任，黄百韬撤职留任，李天霞撤职下狱……号令一出，军心人心凉了一半儿。有见识的人都叹气：国民党的江山没几天了！

这就是朋党的力量，一旦形成了势力，管理者也只能听他们摆布了。即或朋党不是针对管理者本人，也会引起下属之间的明争暗斗，使得团队变得乌烟瘴气。唐代的牛李党争、宋代的元祐党争、明代的东林党案都是这样。所以，下属中一旦有拉帮结派的苗头，管理者就应该及时化解，否则后患无穷。处理一个小团伙、小帮派是很棘手的，稍不留神，管理者自身也会由此万劫不复。相对于管理其他特别的下属而言，拆除朋党更应该讲策略、讲方法。

首先，要找准突破口，比如抓住他们的一个错误，小题大做，处理一些人，起到杀鸡骇猴的警示作用。

其次，利用朋党之间的矛盾，让他们彼此争斗，两败俱伤的时候，管理者再出面收拾残局，一统人心。

第三，擒贼先擒王，拿朋党的头面人物开刀，树倒猢狲散，小帮派自然就容易散伙了。

第四，分化他们。之所以形成朋党，无外乎是利益驱使，这些见利忘义之徒组成的团伙肯定不会是铁板一块，管理者不妨同样以利益为诱饵，从内部瓦解他们。

最后，管理者加强自身的道德品质方面的修养，用高尚的人格吸引更多的部下跟着自己走。

其实，无论是管理各种各样的下属，还是领导团队干事业，管理者如果在“德”“才”两方面都能成为下属的榜样的话，当一名好领导那是水到渠成的事情。

有敢于顶撞的下属，不一定是坏事

“水至清则无鱼，人至察则无徒”。这就是告诉我们，待人处事太刻薄了，结果人缘不好。你不能用自己的标准去要求和衡量所有的人，不能责备别人的“另类”。如果面对下属的顶撞，主管应该如何做呢？

首先必须强调一点的是，异己的存在，可以促使你在决策时格外谨慎，力求科学严谨，以免被异己找出破绽，发现纰漏。同时他可以避免你无意识地出现错误，造成不可挽回的严重后果。可以说，下属的顶撞，就是竞争对手的存在，就是监督者的存在，他可以促使双方更加勤勉。

曾有一位海军上校在去看望他的好友陆军上校时说：“我的海军一直被公认为世界上最勇敢的部队，希望你的陆军也一样。”

陆军上校不肯示弱，说：“我的陆军也是最勇敢的。”

海军上校问他有没有办法证实一下。

“有！”陆军上校满怀信心地说。他随便叫住一名士兵，命令道：“你给我过去，用身体去撞那辆开动的坦克。”

“你疯了？”士兵大叫，“我才不那么傻呢！”

此时，在这种关乎自己的面子和威望的非常时刻，自己的下属公然顶撞自己，领导一般都会勃然大怒。然而，陆军上校没有这样做，他笑了笑，然后满意地对海军上校说："看见了吧，只有最勇敢的士兵才会这样同将军说话。"

陆军上校把士兵公然顶撞自己的行为，视为勇敢的举动，这正是大将军的气魄与胸怀！这就是成大事者的独特认识。试想一下，假如陆军上校将军视那名士兵为异己，并且一味地去扼杀，他必定会置士兵于死地。最终，他不仅失去了一名士兵，而且损害了自己的威望，挫伤了所有士兵的勇气。

化解冲突和矛盾的五种技巧

在处理冲突、解决矛盾的过程中，主管要注意以下一些技巧。

1. 暗中解决矛盾

因为人们都有爱面子的心理，私下解决就是给矛盾的双方保留了面子。因此矛盾应尽量暗中解决，不要张扬出来。但对那些不伤面子，同时又有普遍教育意义的可以公开出来，起到教育其他下属的目的。

2. 原则和灵活相结合

原则就是不能侵害组织利益，灵活就是解决矛盾的方法不要千篇一律，不要教条式地解决问题。有些矛盾要防患于未然，有些矛盾可以事中控制解决，而有些矛盾可以让它量变到一定程度发生质变时再解决。

3. 有些矛盾不解决比解决好

有一个广为流传的历史故事：楚王举行晚宴招待群臣时，在突然灯灭的情况下，一位将军当众做出了有违礼法的举动！面对此种情况，怎么办？这位聪明的国王采取了不解决矛盾的办法，其最后结果大家都是知道的，那位做了错事的将军为国家立下巨大的战功。楚王采取了不解决矛盾的办法从而产生了积极的效果。从这个角度来讲，不解决也是一种解决方法。

4. 不是工作矛盾，不要轻易介入

现实中下属之间的有些矛盾不是工作矛盾，如恋人之间的矛盾，最好不要随意介入。一旦介入，很有可能把自己套住，因为“清官难断家务事”。当然，部属之间的这些非工作原因产生的矛盾有时确实也会对工作产生不良影响，那么作为主管应该从影响工作的角度来做其思想工作，必要时做善意的提醒。

5. 对恶意制造矛盾者绝不能手软

恶意传闲话者，故意制造事端者，生怕天下太平者，甚至与外部勾结，找内部员工的麻烦者，要果断解决，坚决辞退，无论他有多高的才能都不能用。

双向沟通，协调好各部门的工作

这既是做好部门工作的需要，也是处理好部门关系的需要。沟通是双向的，也是多方面的，主要应当从目标上、思想上、感情上和信息上加强沟

通，进而取得共识，这是协调各部门领导关系的重要基础。

1. 在目标上沟通

强调整体目标，使每位部门领导认识到每个部门、每个人对整体目标做贡献的重要性，以及相互配合、协调的必要性，力争把部门利益与共同的目标联系起来，进而增强各自对组织目标的关切感，减少部门之间不必要的冲突。

要在具体目标上取得沟通和共识。各部门领导，在目标的确立上，要相互理解和关注；在目标的实施上，要相互支持和推进；在目标的冲突上，要相互调整和适应；在目标的成功上，要相互鼓励和总结。

2. 在思想上沟通

各部门领导应避免单纯以本部门的利益得失考虑问题，而应当从各部门利益的互相联系上也就是全局上考虑问题，包括设身处地地替其他部门着想，达成彼此可以共同接受的意见，以防止思想认识上的片面性。各部门领导在思想观念、思想方法、思维方式上也是互有差异的，由此而形成的观点上的争鸣和分歧，可以通过平等的交流、启发，缩小认识上的差距，以达到统一。对于因工作关系所引起的误会、隔阂，各部门领导之间应严以律己，宽以待人，必要时多作自我批评，求得谅解。

3. 在感情上沟通

感情上的联络和加深，对部门领导来说是很重要的。因为很难想象，没有任何感情交流的部门领导之间，工作上可以融洽。要增加感情上的沟通，除了目标思想上的认同外，还可通过工作交流、参观访问、文体活动、公共关系活动等不断加深，从而创造一种和谐共事的情感环境。

4. 在信息上沟通

沟通也是传达交流情报信息的过程。部门之间的矛盾与隔阂，都可以从信息沟通上找到原因。一般而言，凡缺乏沟通的部门，信息传递必然不畅，极易造成部门之间的不了解、不理解和不协调，甚至造成某些冲突，既影响工作，又影响团结；凡主动沟通的部门，必然信息流畅，往往容易赢得对方好感，取得信任，形成部门之间的良好关系。

第9章

关注结果，定期对结果进行评估

人们不会做你期望的事情，只会做你检查的事情。

——郭士纳

绩效管理是一种提前投资

绩效管理是什么？绩效管理是一个持续的交流过程，该过程是由员工和他们的直接主管之间达成协议，并在协议中对下面有关问题提出明确的要求和规定：员工完成的实质性的工作职责；员工的工作对单位目标实现的影响；以明确的条款说明“工作完成得好”是什么意思；员工和主管之间应如何共同努力以维持、完善和提高员工的绩效；工作绩效如何衡量；指明影响绩效的障碍并将其排除。所以说，绩效管理是一种让你的员工完成他们工作的提前投资。

绩效管理可以达到以下目标：使你不必介入到所有正在进行的各种事务中；通过赋予员工必要的知识来帮助他们进行合理的自我决策，从而节省你的时间；减少员工之间因职责不明而产生的误解；减少出现当你需要信息时没有信息的局面；通过帮助员工找到错误和低效率原因的手段来减少错误和差错。

概括起来，绩效管理是一种让你的员工完成他们工作的提前投资。通过绩效管理，员工们将知道你希望他们做什么，可以做什么样的决策，必须把工作干到什么样的地步，何时你必须介入。这将允许你去完成只有你才能完成的工作，从而节省你的时间。

绩效管理可以解决这些问题：它要求定期举行提高工作质量的座谈会，从而使员工得到有关他们工作业绩和工作现状的反馈。有了定期的交流，到年底时他们就不会再吃惊。由于绩效管理能帮助员工搞清楚他们应该做什么和为什么要这样做，因此，它能够让员工了解到自己的权力大小——进行日常决策的能力。

总之，员工将会因为对工作及工作职责有更好的理解而受益，如果他们知道自己的工作职责范围，他们将会在其中尽情地发挥。

然而，为什么如此多的人回避绩效管理工作呢？为什么回避绩效管理？

对上面问题的回答之一是没有时间。确实，绩效管理需要时间。当主管以没有时间为托词时，是因为他们对绩效管理能回报什么没有搞清楚。对绩效管理的一个普遍的误解是认为它是“事后”讨论，目的是抓住那些犯过的错误和绩效低下的问题。这实际上不是绩效管理的核心。它不是以反光镜的形式来找你的不足，它是为了防止问题发生，找出通向成功的障碍，以免日后付出更大的代价。

这就意味着绩效管理可以节省时间。因为当员工不知道他们应该做什么、何时做和如何更好地做时，他们自然就可能将主管拖进本来他们自己可以处理的事务当中。或者当员工自认为清楚应该做某事而实际并不清楚时，他们可能就会犯错误。一旦员工失误犯错，就等于放了一把需要管理者介入的火。这些常常是要花掉管理者大量时间的地方，即介入到本来不需要处理的事务当中进行救火。

绩效管理就是一种防止问题发生的时间投资，它将保证你有时间去做你自己应该做的事。管理者之所以说绩效管理有困难，是因为他们害怕员工“反击”，从而将这个过程搞得很尴尬。确实，有时会发生这种情况，但并不常见，也不应该常见。原因是：当员工认识到绩效管理是一种帮助而不是责备的过程时，他们会更加合作和坦诚相处；有关绩效的讨论不应仅仅局限于领导评判员工，应该鼓励员工自我评价以及相互交流双方对绩效的看法；如果领导认为绩效管理仅仅是他们对员工要做的事，那么冲突将不可避免，反过来，如果看成是双方的一种合作过程，就会减少冲突。绩效管理不是讨论绩效低下的问题，而是讨论成就、成功和进步的问题，重点放在这三方面时，冲突将减少，因为这时员工和领导是站在同一边的；发生冲突和尴尬的情况常常是因为领导在问题变得严重之前没有及时处理，问题发现得越早，越有利于问题的解决。

一些主管抱怨他们不能给员工反馈的原因是他们不能监视员工或每天盯着他们干活。在某些特殊的情况下，有必要观察一下员工的工作。但在大多数情况下，你的角色不是去评判他们，而是去帮助他们评价自己的工作。你不必总是监视他们，你也不需要掌握所有的答案。你可以和你的员工一起找出答案。

绩效计划常常是员工和领导开始绩效管理过程的起点。领导和员工一起讨论，以搞清楚在计划期内员工应该做什么工作，做到什么地步，为什么要做这项工作，何时做完，以及其他具体内容，如员工权力大小和决策级别等。通常绩效计划都是年计划，但在年中也可以修订。

绩效计划过程结束后，领导和员工应该能以同样的答案回答下列问题：

员工本年度的主要职责是什么？我们如何判别员工是否取得了成功？如果一切顺利的话，员工应该何时完成这些职责（例如，某一个特定的项目的完成时间）？员工完成任务时有哪些权利？哪些工作职责是最重要的，哪些是次要的？员工工作的好坏对部门和单位有什么影响？员工为什么要从事他做的那份工作？领导应如何帮助员工完成工作？领导和员工应如何克服障碍？员工是否需要学习新技能以确保完成任务？

绩效沟通就是一个双方追踪进展情况、找到影响绩效的障碍以及得到使双方成功所需信息的过程。持续的绩效沟通能保证领导和员工共同努力以避免出现问题，或及时处理出现的问题，修订工作职责，因为这些问题在许多工作单位都会发生。

常用的方法：每月或每周同每名员工进行一次简短的情况“通气会”；定期召开小组会议，让每位员工汇报他完成任务和工作的情况；每位员工定期进行简短的书面报告；非正式的沟通（例如，主管到处走动并同每位员工聊天）；当出现问题时，根据员工的要求进行专门的沟通。

绩效评价：如果你做的全部只是绩效评价，也就是说没有做计划、没有持续的沟通、没有收集数据和分析问题，那么你就是在浪费时间。绩效评价不仅仅是评估工作，它也是一个解决问题的机会。

如果发现了某种问题，不管是某一位员工没有达到议定的目标，还是一个部门没有完成任务，最重要的工作就是找到原因。不找到原因，我们怎么能阻止它再次发生呢？例如，某员工的几个指标没有完成，可能是多种原因造成的。是技术水平不够，工作不够努力，还是没有组织好？有时也许同员工本人没有任何关系。会不会是组织内部有人不提供必需的资源？会不会是缺少原材料？会不会主管本人都不清楚应该做什么？因此，问题分析非常重要，而且它应该渗透到绩效管理整个过程中的每个环节。

绩效管理是一种管理手段

概括起来，绩效管理是帮助员工完成工作的一种管理手段。通过绩效管理，员工可以知道上级希望他们做什么，自己可以做什么样的决策，必须把工作干到什么样的程度，何时上级必须介入，从而为领导节省时间。

在业绩考核制度的实施过程中，企业管理与人力资源中心在考核中设立了三级考评体系，使被考核人由直接领导进行考核，同时又受到间接领导和企业管理与人力资源中心的双重审核监督；并且整个执行过程是一个被考核人始终与上级领导相互沟通、上下级之间相互交换意见的过程。除此之外，企业管理与人力资源中心又建立了严格的投诉制度，为绩效考核管理的客观公正提供了进一步的保障。

考核制度自推广实施以来，取得了显著的效果。一方面，员工个人对集团公司、本部门以及个人的工作目标都有了清楚的认识，从而使工作职责更加清楚，工作重点更加突出，改变了以前职责不清、重点不明的状况，提高了个人的工作效率和业绩，促进了整体业绩的提高。另一方面，管理者也清楚了在哪些方面应该给下属必要的指导，在哪些方面应该下放职权，让下属充分发挥自己的才能，出色地完成本职工作，从而使管理者有更多的时间和精力来做好整体协调与指挥工作。

在执行过程中，一部分员工对绩效管理有疑问和误解。例如，绩效考核是不是就是简单填表、交表？绩效考核是不是就是为了找员工的不足与缺陷？绩效管理到底是什么，又不是什么？

绩效管理是一个持续的沟通过程。这个过程是通过员工和他或她的上级之间达成的业绩目标协议来保证完成的。绩效管理对员工既定的工作职责，员工的工作对公司实现目标的影响，员工和上级之间应如何共同努力以维持、完善和提高员工的绩效，工作绩效如何衡量，如何排除影响绩效的障碍等方面有明确的要求和规定。

关键的一点是，绩效管理工作是上级与员工一起完成的，并且最好是以共同合作的方式来完成。因为它对员工本身、上级和组织都有益。绩效管理是一种防止绩效不佳和共同提高绩效的工具，它意味着上级同员工之间持续地双向沟通，其中包括听和说两个方面，它是两个人共同学习和提高的过程。因此，整个绩效考核的核心工作就是沟通。

绩效管理不是经理对员工的单向工作，也不是迫使员工更好或更努力工作的棍棒，更不是只在绩效低下时才使用的惩罚工具，它是两方面持续的沟通过程——这才是关键点。

另一方面，既然绩效管理是一个与员工合作完成的过程，那么它对员工又有什么益处呢？

经理在管理工作中有诸多烦恼，员工在工作中也有很多烦恼：他们不了解自己工作得好还是不好；不知道自己有什么样的权力；工作完成很好时没有得到认可；没有机会学习新技能；自己不能做出任何简单的决策；缺乏完成工作所需的资源，等等。

绩效管理可以解决这些问题。它要求定期举行提高工作质量的座谈，能使员工得到有关他们工作业绩情况和工作现状的反馈。有了定期的交流，他们对于自己得到的考评就会非常清楚。而且，由于绩效管理能帮助员工搞清楚他们应该做什么和为什么要这样做，因此，它能够让员工了解到自己的权力大小——进行日常决策的能力，从而大大提高工作效率。

总的来说，绩效管理作为一个有效的管理工具，它提供的绝对不仅仅是一个奖罚手段，它更重要的意义在于为公司提供了一个信号——促进工作改进和业绩提高的信号。

业绩辅导是提高执行力的关键

有位哲人说过：存在就是合理的。然而，存在的合理性，并不能解决现实的不合理性，我们发现在规则的制订和执行之间，仍然存在着巨大的弹性空间，这是我们无法回避的现实。在执行的过程只提及绩效考核，而忽视了业绩管理的整个过程，实际上绩效评价只是管理的一部分。如果只做绩效评估而忽略绩效管理的其他环节，面临的将是失败。

不应该用创业初传统人事管理的模糊评价模式，继续考评今天的员工绩效，还期望带领他们走入未来与世界接轨。面对严格的绩效管理，很多员工从意识、态度和行为上并没有做好准备。绩效意味着什么？意味着工作量和工作的质量，意味着员工对于企业的价值。反过来就是，当不符合这种价值时，该员工就不符合企业的需要。

为了避免这个变革过程中员工对公司管理制度的抵触，特别对国内企业来说，更应该建立一种新的企业文化观念，即不仅要有严格的考核，还要实施业绩辅导的弹性管理。

所有的指标，只有能被衡量的，才能被管理。绩效管理的目的在于使人的行为量化而达到管理的目的，使平凡的人做出不平凡的事，是一种让员工完成他们工作的提前投资。通过绩效管理，员工将知道领导希望他们做什么，可以做什么样的决策，必须把工作干到什么样的地步，领导何时必须介入。所以，绩效管理的前提是业绩辅导。业绩辅导是避免员工走进自己认识和能动性误区的关键，也是企业对员工的“提前投资”。

绩效考核不能解决员工执行能力的全部问题。它要求定期按照任务和目标实施监督和考核，从而使员工得到有关他们工作业绩和工作现状的反馈，这就是周报和月报的作用。处罚，对于员工遵守基本纪律有一定约束作用，而处罚的结果却并不能直接提高绩效。执行力，更多地是源于“业绩辅导”。

业绩辅导才是提高执行力的关键。管理者要学会做教练，教练就是培训员工的执行能力。执行能力就是帮助团队和员工具备处理危机和实现成就的正确意识和方法，提供条件和工具，以帮助员工达到绩效。有了业绩的辅导，有了定期的交流和培训，到年底他们就不会再吃惊，而心服口服。由于业绩辅导能帮助员工搞清楚他们应该做什么和怎样做，因此它能够让员工了解自己的权利——企业需要的劳动量和劳动价值。总之，员工将会因为对工作及工作职责有更好的理解而受益。他们将会从领导的业绩辅导中受益，主动投入到创造性的工作中，而不认为他只是在为领导工作，或受领导管制而抵触。由此，我们知道为什么绩效管理工作还没有达到应有的效果。

说绩效管理有困难，可能是因为害怕有人抵触，从而将这个过程搞得很尴尬。确实，有时会发生这种情况，但并不常见。原因是：当员工认识到绩效管理是一种帮助而不是责备的过程时，他们会更加合作和坦诚相处；有关绩效的讨论不应仅仅局限于领导评判员工，更应该鼓励员工自我评价以及相互交流双方对绩效的看法；领导和员工之间的关系不是人身依附关系，而是教练和团队的关系。就像球队一样，唯一的业绩就是赢球；球队的任务就是训练和比赛。教练和球员的关系再清楚不过了。

总之，业绩辅导的弹性管理是大系统中的一个子系统，也是处于绩效管理前端的重要工作。业绩辅导是“以人为本”的管理方式。它要求你通过建立良好关系和令人鼓舞的面对面交流来密切和员工的关系；它要求你不停地转换角色，迫使你积极参与员工的工作，而不做消极的旁观者。业绩辅导更多地依靠良好的提问、倾听和协调技巧，而不是仅仅停留在分派任务或控制结果上。

业绩辅导分四个互为因果的阶段，每一阶段都是下一阶段的基础。未完成前一阶段的工作就无法进入下一阶段。最后一个阶段则对整个业绩辅导流程起一种加强巩固的作用。

在同员工交流的过程中，你将扮演以下四种角色之一：培训、职业辅导、直面问题、做导师。每种角色结果不同。

第一，培训。这种角色要求你扮演一对一的教师。你有责任就最终会影响员工成长的问题与他们共享信息。所有业绩都是通过人取得的，所以你必须对员工的发展负责。不要把公司的培训交给外来人，因为他们不对员工的业绩负责。

第二，职业辅导。作为职业教练，你需要得到帮助以引导员工相当深入地就其现在和将来的职业发展道路探索其兴趣和能力所在。你得帮助员工考虑替代方案，决策有关职业发展问题。你还需要让所在企业组织了解员工的职业发展观，以便使企业做出相应的计划安排。

第三，直面问题。要提高业绩，必须直面问题。首先，你应要求员工改进业绩，换句话说，你需要员工在成功的基础上做得更好。其次，你需要令员工由差劲的业绩提升到满意的业绩。直接指出员工业绩欠佳无异于训斥他们。因此，你必须学会用非批评的方式告诉员工需要改进业绩。

第四，做导师。做导师的主要目的是促进员工职业生涯取得进一步成功。作为导师，你应指导员工解开企业组织中的种种难题。你要引导员工度过企业组织中的种种危机，帮助他们培养处世能力。做导师与做职业辅导有所不同。导师需要源源不断地就企业组织的目标与经营观为员工提供信息和见识。他们教导员工如何在企业组织内发挥作用。此外，在员工遇到个人危机时，还要充当他们的“知己”。

培养员工的自尊心。业绩辅导流程建立在你和员工间的同事关系之上。这种关系最终将增强他们的自尊心。培养自尊是业绩辅导的结果。它来自员工需要提高自己业绩水平和解难技巧的自我意识之上。培养自尊对你和员工同样有益，因为它有助于产生一种协同关系。

奖励员工树立责任感和取得成果。作为业绩教练，你必须取得企业所需要的成果。但单靠你一个人完成不了，必须通过他人来完成任务。你必须通过激励战略设法提高员工的责任感，直言你对员工的期望。这包括告诉他们你想得到的结果、质量水平及完成时间。

必须让员工了解工作结果的重要性。这有助于让员工认识到准时出成果和达到质量要求的重要性。他们也必须认识到自己的努力对最后成果有何影响。接着，告诉员工他们究竟干得如何。他们需要及时、不断的信息反馈才能沿着正确的方向前进。最后，你必须奖赏业绩优秀的员工，对确实违反企业原则和制度的员工，则应该根据制度和组织原则及时处罚。你必须明确地表示，创造良好的工作成果与对他们工作的表彰是相辅相成的。改进业绩是个复杂而艰难的过程。建立策略，给员工最恰当的帮助是你不可推卸的责任。

绩效管理最重要的是在经理人和员工之间建立协同关系。业绩辅导流程首先应在你与员工间创造出一种健康的工作关系，以增强人们的责任感，从而改善业绩、提高生产力。这种关系就是在员工间建立起一种“协同”关系。积极的工作关系对各方都有利，所有成员都能得到自己期待的结果。但要记住，这是一种职业关系，而不是私人关系。“增强责任感”指员工为了自己团队或整个企业组织的目标承担责任，并要为团队做出个人牺牲。简言之，就是强化职业道德。

职业道德是实现部门和团队绩效的基础，同时，也是识别员工忠诚度的重要根据。要实现这一点，务必要把团队、部门或企业组织的目标讲清楚，进行必要的价值观念交流和思想素质培训，并允许员工对涉及自身工作的决策拥有更大的影响力，让员工具备自我约束和自我评判的先进意识。这才能造就员工的主人翁精神。员工如果能对企业的经营结果享有一份主人翁精神，就会像主人翁一样工作。作为管理者，你有责任培养这种主人翁态度。

培养员工的绩效精神

组织的目的是使平凡的人做出不平凡的事。组织不能依赖于天才，因为天才如同凤毛麟角。考察一个组织是否优秀，要看其能否使平常人取得比他们看来所能取得的更好的绩效，能否使其成员的长处都发挥出来，并利用每个人的长处来帮助其他人取得绩效。组织的任务还在于使其成员的缺点相抵消。

绩效精神要求每个人都充分发挥他的长处。重点必须放在一个人擅长的事情上——放在他能做什么上，而不是他不能做什么上。组织的“士气”并不意味着“人们在一起相处得好”，其检验标准应该是绩效。如果人际关系不以达成出色绩效为目标，那么实际上就是不良的人际关系，是互相迁就，长此以往会导致士气萎靡。

企业要想培养绩效精神，应在以下几个方面付诸实践。

第一，组织的重点必须放在绩效上。对企业和每个人来说，组织精神的第一要求就是绩效的高标准。但绩效并不意味着“每次都成功”，而是一种“平均成功率”，其中允许有错误甚至失败。绩效所不能允许的是自满与低标准。

第二，组织的重点必须放在机会上，而不是放在问题上。

第三，有关人的各项决定，如工作岗位、工资报酬、提升、降职和离职等，都必须表明组织的价值观和信念。它们是组织真正的控制手段。

第四，在有关人的各项决定中，管理层必须表明，正直是一个经理人所应具备的唯一的绝对条件，同时，管理层也应表明它对自己也同样地提出公正这个要求。

业绩评估应准确而具体

业绩评估包括确定目标、鉴定取得的成果和制订业绩评估标准。这些标准应该对每位员工的职责评价都是适用的。应该注重以下三个方面。

（1）评估员工的工作表现，而不是人身攻击，也就是对事不对人；

（2）评估要有效、具体，而不是泛泛而谈或夹杂着主观情绪；

（3）与员工就他怎样改进工作和你应该做些什么达成一致意见。

在进行业绩评估时，你应该向员工表明，评估是针对员工具体的行为或业绩，而不是针对个人。这是建立“同一立场”思维方式的关键要素。只有这样，你才有可能和你的员工共同探讨怎样解决工作中遇到的问题。

举个例子：

上司：你总是迟到。你们部门的一些人评价你很懒。

员工：我并不懒惰。如果你这样认为，那么说明你完全不了解我。

由于领导的话语中流露出“这个员工懒惰”，因此马上就产生了个人品性、感情和争辩等一系列问题。这样的反馈会刺伤员工的感情，以至于员工忽略了绩效的问题。更有甚者，领导也许会忍不住责骂员工“粗鲁迟钝”，这种说法等同于人身攻击。其实，在上面的例子中说员工总是迟到是很不具体的。所以，如果要把迟到作为员工实际的工作表现，就必须将其进行量化。比方说：到今天为止，15天中你总共迟到了5次。

如果上司能以“同一立场”的思维去对待员工，那么情况可以变好。

上司：你要注意，上班要准时。一些客户在上午8：00来公司找你，你却不在办公室。

员工：你说得对。只有依靠他们，我才能有现在的业绩，也许这就是原因所在吧。

上司：有什么需要我帮忙的吗？

具体化、细节化，最好是用数据或书面材料说明，事实才不会被感情所代替。事实最具说服力，感情却会促使员工为自己的过失进行辩解，指责他人并继续其不良表现。

在业绩评估时要与员工进行有效的沟通，建立“同一立场”的思维方式很重要。如果运用得当，你就可以取得以下优势。

你不得不对员工的工作做出评估。你还会认识到，员工的工作业绩不理想可能是自己管理不当的结果。你会特别注重自己该做些什么和说些什么。一旦意识到自己的职责所在，你就会采取措施来加强你和员工之间的联系，使其在平等的基础上发挥最大的效用。

你能对员工的工作表现提出自己的看法和建议，从而让他们意识到要成为企业中一名优秀员工应具备什么条件。

对于员工良好的工作表现，你应及时加以肯定并予以鼓励。你还可以提出你对员工的更高期望值，激励员工付出更多的努力。

你掌握了另一种帮助员工解决问题的工具，这是你最重要的工具之一——取得成效的工具！

因此，通过对员工进行业绩评估，你和你的单位就能获得有用的反馈意见，帮助你们优化人力资源。通过评估，你可以和员工共同订立新的目标，并重新组织员工来取得最大的成效。你所领导的部门的发展必须体现出全体部门员工的利益、能力和追求。只有用“同一立场”的思维来看待周密安排的业绩评估，你和员工才能共同订立一致的目标。

“同一立场”的思维方式能使你用积极的心态去看待员工们在过去做出的业绩。同时，作为员工的良师益友，从解决问题的角度，指出员工存在的不足并帮助他们改进自己的工作。

让考核产生绩效的三部曲

为了了解学生的学习成绩，学校经常会采取月考、段考、期终考试等形式；但要了解员工在单位中的工作表现，单位领导应该如何来考一考呢？建立绩效考核制度，通过系统的方法、原理来评定和测量员工在职务上的工作行为和工作效果，是单位领导与员工之间进行管理沟通的一项重要活动。

第一步：量化考核标准，有的放矢

进行绩效考核，首先当然要确定一个标准，作为分析和考察员工的尺度。这个标准通常可分为绝对标准、相对标准和客观标准。

绝对标准是如出勤率、废品率、文化程度等以客观现实为依据，而不以考核者或被考核者的个人意志为转移的标准。相对标准是采取相互比较的方法，此时每个人既是被比较的对象，又是比较的尺度，因而标准在不同群体中往往有差别。比如规定每个部门有两个先进名额，那么工作优秀者将会在这种比较过程中评选出来。客观标准则是评估者在判断员工工作绩效时，对每个评定项目在基准上给予定位，以帮助评估者进行评价。

制订绩效考核标准时，要针对不同岗位的实际情况，而对不同职位制订不同的考核参数，而且尽量将考核标准量化、细化，多使用绝对标准和客观标准，使考核内容更加明晰，结果更为公正。同时，考核标准公布并使之得到员工认可，避免暗箱操作。考核奖惩制度不单单针对员工，对领导同样起作用。当然，对领导的考核标准与一般员工的考核标准是完全不同的两个概念。

第二步：你“考”我“考”大家“考”

一提到“考”字，很容易让人联想到纪律严明的考场，考官高高在上，考生埋头答题。但是，如果绩效考核也只是成为领导“考”员工的工具，就毫无意义可言。绩效考核最重要的一点就是让每一位员工参与进来，在接受他人考评的同时，不仅可以对自己的工作进行考评，同时还可以考评同事和管理者，要做到考核面前人人平等，每个人都有评定和说话的权利。

由于绩效考核与薪酬、奖金和晋升机会等与员工切身的利益息息相关，因此受到员工的特别关注。如果考核结果与员工的实际付出相差甚远，不能让员工心悦诚服，往往容易引起内部矛盾，甚至引发劳务纠纷，而要想做到公正客观，就一定要让每一位员工积极参与进来。

绩效考核形式主要有上级评议、同级同事评议、自我鉴定等，领导还要通过下级评议，而客服服务等特殊岗位还可以增设外部客户评议等形式。如此一来，大家在给同一个人打分的过程中，会因为一些明显的分歧而进行讨论、沟通，特别是上级与下级之间，通过沟通交流最后达成共识，不仅是对以往工作的总结，也有利于以后更好地协作，统一思想与步伐，为企业效力。

第三步：让绩效考核真正产生绩效

单位进行绩效考核的目的，一方面是鼓励员工继续发挥和提高工作能力，丰富知识和技能，并实现优胜劣汰；另一方面，是通过单位层面上的绩效考核和员工与团队层面上的绩效考核来帮助员工、团队和整个组织的能力发展。要实现单位和员工个人之间、团队与个人之间以及团队与单位之间的“双赢”关系，加强考核后的反馈与沟通势在必行。

通过考核，全面评价员工的各项工作表现，使员工了解自己的工作表现与取得报酬、待遇的关系、获得努力向上改善工作的动力，并根据考核结果评定奖金、薪酬等。但最重要的是，让员工有机会参与单位管理程序，发表自己的意见，并在此次考核的基础上改进工作中的不足，根据员工当前的绩效水平和工作表现中不尽如人意之处提供各类培训。同时还有必要找出根本原因，是能力有限还是工作态度不佳，或是其他客观条件导致了工作绩效不尽如人意。为了掌握这些情况，必须根据考核结果与员工进行一对一交流，给予建议的同时，也倾听员工的想法。

只有做好了考核后反馈交流这道程序，才能让绩效评估帮助单位更有效地了解员工动态，提高工作效率；对于员工个人来说，也可以帮助其进行决策，是否改变自己的职业选择。如果员工意识到尽管自己接受了某些培训，工作表现仍无法达到期望目标，那么就应该寻求职业的改变，或在内部进行职位转换，或向外重新选择职业。

克服个人的主观偏见，让考核更准确

在飞机上，一个年轻人和一位老人并排坐着。

“请问，现在几点钟？”年轻人问。

老人回答说：“我不能告诉你，我要是告诉你现在几点钟，你就会向我表示感谢。如此一来，话匣子一打开，就不容易收场了。再过一会儿，我们就会一道下飞机。在机场里，你又会请我进咖啡馆，我也会请你到我家去做客。我家里有一个小女儿，她长得很漂亮。于是你就会爱上她并且追求她，接着她就会爱上你，然后你们就会决定结婚。可是，你要知道，我决不会把女儿嫁给一个连手表都没有的穷光蛋。”

飞机偶遇，老人仅凭年轻人询问时间的事实，便联想到自己不会把女儿嫁给一个穷光蛋。老人的诸多想象，均带有严重的个人主观偏见。在绩效考核的过程中，考评者的个人主观偏见常常会影响考核结果的客观性。

在绩效考核的过程中，由于考核者的主观思维意识，常常会使绩效考核的结果出现一些误差。总的来说，绩效考核的误差有如下几种。

1. 考评指标理解误差

由于考评者对考评指标的理解存在差异，他们对于不同的指标有不同的判断标准，导致考评出现误差。比如，对于同一名员工，某一个考评者对其工作表现判断为“优”，另一个考评者则认为是“合格”。避免这种误差，可以通过以下三种方法来纠错。

（1）修改考评内容，让考评内容更加明晰，尽最大可能量化考评内容；

（2）避免让不同的考评者对职务相同的员工进行考评，尽可能让同一名考评者进行考评，员工之间的考评结果才具有可比性；

（3）避免对不同职务的员工考评结果进行比较，由于不同职务的考评者不同，自然难以对员工做出准确评价。

2. 光环效应误差

当某一个人有一个显著优点时，人们会误以为他在其他方面也同样优秀，这就是光环效应。在考评中常会发生光环效应，比如，被考评者工作非常积极主动，考评人很可能误以为他的工作业绩也同样优秀，从而给被考评人较高的评价。在考评时，考评者应该对所有被考评者的同一项考评内容同时考评，而不要以人为单位进行考评，这样有助于防止光环效应。

3. 趋中误差

考评人倾向于将被考评人的考评结果放置在中间的位置，就会产生趋中误差。这主要是由于考评人害怕承担责任或对被考评人不熟悉所致。在考评前，对考评人员进行必要的绩效考评培训，消除考评人的后顾之忧；同时，避免让对被考评者不熟悉的考评者进行考评，可以有效地防止趋中误差。

4. 近期误差

由于人们对最近发生的事情记忆深刻，而对以前发生的事情印象浅显，所以容易产生近期误差。考评人往往会用被考评人近一个月的表现来评判一个季度的表现，从而产生误差。消除近期误差的最好方法，是考评人每月进行一次当月考评记录，在每季度进行正式的考评时，参考月度考评记录来得出正确考评结果。

5. 个人偏见误差

考评人喜欢或不喜欢（熟悉或不熟悉）被考评人，都会对被考评人的考评结果产生影响。考评人往往会给自己喜欢（或熟悉）的人较高的评价，而对自己不喜欢（或不熟悉）的人给予较低的评价，这就是个人偏见误差。采取小组评价或员工互评的方法，可以有效地防止个人偏见误差。

6. 压力误差

当考评者知道本次考评的结果会与被考评者的薪酬或职务变更直接相关时，或者惧怕在考评沟通时受到被考评人的责难，鉴于上述压力，考评人便可能会做出偏高的考评。解决压力误差，一方面要注意对考评结果的用途进行保密，另一方面在考评培训时让考评人掌握考评沟通的技巧。

7. 完美主义误差

如果考评者是一位完美主义者，他往往会放大被考评人的缺点，从而对被考评人给予较低的评价，造成了完美主义误差。解决该误差，首先，要向考评人讲明考评的原则和方法；另外，可以增加员工自评，与考评人的考评结果进行比较。如果差异过大，应该对该项考评进行认真分析和讨论，看看是否出现了完美主义误差。

8. 自我比较误差

考评者不自觉地将被考评者与自己进行比较，以自己作为衡量被考评者的标准，这样就会产生自我比较误差。解决办法是将考核内容和考核标准细化和明确，并要求考评人严格按照考评要求进行考评。

9. 盲点误差

考评者由于自己有某种缺点，而无法看出被考评者也有同样的缺点，这就造成了盲点误差。盲点误差的解决方法，可参考自我比较误差的解决方法。

考核之前，要让员工知晓绩效目标

一名旅行者行走在茫茫的沙漠之中，由于迷路多日，他准备的水早已一滴不剩，口干舌燥地行将渴死。就在生与死的边缘，他幸运地捡到了一个神灯，他有气无力地搓揉着神灯，片刻之后，他的眼前便出现了一个形状怪异的灯神。

灯神感恩戴德地对他说："主人，我在这盏灯中囚禁了千年，幸亏遇到你，我才逃了出来，为了报答你的恩德，我可以满足你三个愿望。"

濒死的旅行者突然恢复了生气，他迫不及待地许愿："第一，我希望每天都有水喝；第二，我希望自己能每天待在家里，不用东奔西走；第三，我希望每天都能看到女人的屁股。"

旅行者说完他的三个愿望后，只听见"轰"的一声巨响，他摇身变为了一座马桶！

虽然变身为马桶完全匹配旅行者的三个愿望，但是，这肯定不是他在许愿之时所构想的梦想图景。因为目标阐述得不明确，此时的旅行者只能祈祷灯神再额外赠给他第四个梦想了。

绩效目标即绩效考核目标，指评估者向被评估者提供所需要的评价标准，以便客观地讨论、监督、衡量绩效。绩效目标，是对员工在绩效考核期间的工作任务和工作要求所做的界定，是对员工进行绩效考核的参照系。因此，管理者是否能明白无误地把绩效目标传达给员工，对于有效的绩效管理起着十分重要的作用。员工只有明确知道组织对自己所定的绩效目标，才能减少甚至避免管理者与下属之间对绩效结果的误解，使员工明确自己在完成对组织有意义的事情时的角色，并且有助于员工以绩效目标为准绳，对自己的工作进展进行有效的自我监控。

虽然绩效目标是有效绩效评估的基础，但是管理者在把绩效目标传达给下属的时候，往往像笑话中的旅行者一样，虽然自以为已经将目标表述清楚，但由于缺乏具体的事实与数字，使另一方产生了误解。为此，管理者所描述的绩效目标应包括清晰的绩效内容和绩效标准。

（1）绩效内容是对于员工工作任务的界定，由绩效项目和绩效指标所构成。绩效项目，是指从哪些方面对员工的绩效进行考核，在现实的绩效评估中，绩效项目一般有三项内容：工作业绩、工作能力和工作态度。绩效指标是每个绩效项目的具体内容，如对于工作能力的考核须从如下几个目标下手：分析判断能力、沟通协调能力、组织指挥能力、开拓创新能力、公共关系能力以及决策行动能力等。工作业绩的大小则要从数量、质量、成本和时间四个方面进行考虑。至于工作能力和工作态度，具体的指标应根据职位来确定。

（2）绩效标准，是指与其相对应的每项目标任务应达到的绩效要求，也就是说，对于绩效内容界定的事情，员工应当怎样来做或者做到什么样的程度。

“完成任务”的目标，小心被置换

在课堂上，老师给学生们讲了一个故事：三只狼追赶一只土拨鼠，土拨鼠疯狂地奔跑着，就在三只狼快要追到土拨鼠的时候，正好前面有一个树洞，土拨鼠“哧溜”钻了进去。这棵树只有这一个洞，三只狼便守在洞外，等着土拨鼠出来。过了一会儿，突然从树洞里跑出了一只兔子，兔子爬上了树，不小心脚一滑，从树上掉了下来，砸晕了三只狼。最后，兔子获救了。

下面的学生开始议论纷纷：“从哪里跑出来一只兔子？”“兔子怎么可能会爬树？”“兔子怎么可能一下子砸晕三只狼？”……

最后，老师在讲台上叹了口气说：“你们都没有抓住重点，因为没有一个人提到土拨鼠去哪儿了。”

员工在实现绩效目标的过程中，努力的方向偏离了目标的要求，导致的后果是：既定的目标被“狸猫换太子”，一直在为之努力的目标却难以贡献于企业的发展目标。

组织的一切活动都是围绕着既定目标而展开和进行的，但在管理实践中达不成或只达成部分既定目标的情况却比较多，原因是多种多样的，其中，“目标置换”是比较普遍和典型的一种。美国管理学家约翰·卡那所提出了“目标置换效应”，他认为：对于如何完成工作的关切，渐渐地让方法、技巧、程序的问题占据了一个人的心思，反而忽略了整个目标的追求。据他做过的一项调查显示，在影响目标达成的所有因素中，“目标置换”因素占了67%以上。

绩效目标的实现是组织对于员工的期望，是员工内在价值的外部化。然而，员工在追求绩效目标的过程中，常常会出现“目标置换效应”，“工作如何完成”逐渐代替了“工作完成了没有”。究其原因，目标偏离的发生既有客观因素，也有主观因素。比如客观上，管理者没有把明确的目标传达给下属，使员工对数量、质量、时限、标准等元素缺乏清晰的认识，以致目标缺乏方向感，使员工不知道何去何从；或者管理者所订立的目标实现周期过长，随着时间的推移和环境的改变，达成目标的现实条件逐渐丧失，如果目标执行的过程中出现了不可预料的事件，也会分散员工的精力和注意力，真正的目标却被置之脑后。反映在主观上，员工对目标的理解出现偏差或者信息意识淡薄，都会无意识地使自己的行为偏离了既定目标，并且因为得不到负反馈而及时调整和纠偏。

目标置换是实施目标过程中一种“偏差”行为和“错位”现象，若不及时发现和矫正，必然影响目标的达成。关于如何防止绩效目标置换，有下面三个小“处方”。

（1）设置科学的绩效考核指标、绩效目标、评分标准。除了以职位要求、组织要求为考核标准设置指标外，还要充分考虑组织及员工所具备的资源条件，确保目标制订的意义。评分标准根据实际情况选用不同的方法，不要一味追求量化而扭曲某些绩效衡量标准。

（2）对绩效实现的过程进行定期监控。员工在执行绩效目标的过程中，管理者要定期询问相关情况，随时关注达成的进度及相关因素的表现，及时跟进或纠正偏差。

（3）加强绩效沟通。考核表是绩效管理的载体之一，但不能替代直接沟通过程中对真正绩效目标的传达。管理者应主动与下属进行面谈，向下属说明指标设置的用意及执行的要求。绩效沟通能够有效地避免或化解绩效目标置换。

360度绩效评估，有助于员工矫正行为

一个老太太有两个女儿，大女儿家是卖雨伞的，二女儿家是开洗衣店的。老太太每日忧愁，晴天怕大女儿家的雨伞卖不出去，雨天又担心二女儿家洗好的衣服晒不干，总是唉声叹气。

后来，有人对老太太说："老太太，您真有福气！晴天二女儿家顾客盈门，雨天大女儿家生意兴隆。"这么一想，老太太再也不整日烦恼，而是无忧无虑了。

横看成岭侧成峰，远近高低各不同。对于同一个事物，选取的角度不同，所看到的风景各有千秋。

绩效评估的结果常常涉及员工的薪酬调整、奖金发放及职务升降等诸多切身的利益，因此，绩效评估可谓是绩效考核体系的关键环节。然而，虽然客观标准的科学化有助于评估结果的公平化，但是主观标准的"不唯一"，常常使员工对绩效评估的结果表现出了较大争议。

360度绩效评估的方法，则尽可能地规避了主观标准"不唯一"的弊端，它强调员工自己、上司、部门主管、同事甚至顾客等全方位地从各个角度来了解个人的绩效，通过这种绩效评估方法，被评估者不仅可以从自己、上司、主管、同事甚至顾客处获得多角度的反馈，也可从这些不同的反馈中清楚地知道自己工作中的不足、长处及今后的发展需求，为自己职业的顺畅发展提供了多重指导。因此，360度绩效评估又称为"360度绩效反馈"或"全方位评估"。

虽然绩效评估的结果是员工的薪资调整和晋升与否的参考依据，不过，绩效评估的作用并不仅仅如此。绩效评估并不只是员工论功行赏的手段，它更多地是为了发现员工的潜能，使员工的能力得到更好的发挥和提高。

360度绩效评估遵从绩效评估的大部分使命，这种评估方法最重要的价值并不在于评估本身，而是在于员工能力开发方面。其价值主要体现在如下两个方面。

（1）帮助员工提高对于自我的洞察力，通过评估结果，使员工清楚地知道到自己的长处与短处，从而制订有针对性的长期或短期职业发展计划。

（2）激励员工改进自己失当的行为，尤其当360度绩效评估与个人发展计划结合起来时，更有助于员工矫正自己的不当行为。

不过，由于360度绩效评估涉及的评价主体较多，他们与被评估者关系复杂、利益牵扯不清，因此，如果简单地把360度绩效评估用作评估目的，也会为企业的发展带来一些负面影响，比如，加深人际关系矛盾，耗费了较多的企业资源，不利于人力资源部门正常效用的发挥，等等。

别让年度绩效评估流于形式

一个农夫跌伤了腿，被送到了医院。医生问他是怎么受伤的，农夫说："20年前，我在一个地主家干活，有一天晚上，地主的独生女儿来找我，她问我：'你有什么需要我的地方吗？'我摇了摇头说'没有'。她又问我：'你真的不需要我吗？'我再次摇了摇头，肯定地说'不需要'。后来，那个漂亮姑娘就走了。"

医生问道："那么，这跟你摔伤腿有什么关系？"

农夫失落地说："昨天站在梯子上修理屋顶时，我突然明白了她的意思。"

20年后，即使农夫领悟了地主女儿的心意，但时过境迁，农夫也不能改变什么，只能感叹一句"此情可待成追忆"了。企业的年度评估同样具有滞后性，即使员工知道自己哪些工作需要改进，但由于时间过于纵向延伸，所以难以使员工在未来修正自己的行为。

绩效评估的最初目的，是为了激发员工的工作热情和提高员工的能力和素质，以达到改善公司绩效的效果，虽然评估的结果会影响员工的薪酬调整和奖金的发放，但这些措施最终是为了激励员工高效地完成工作，实施奖惩并不是绩效评估的根本目的。年度绩效评估是最常用的考核方式，它以整个年度为考核周期，运用各种科学的定性和定量的手法，对员工的工作行为及其对企业的贡献与价值进行全面的考核和评价。然而，年度绩效评估常常被视为对员工实施奖惩的参考标准，在修正员工的工作行为方面收效甚微。

试想，在年度绩效评估中，管理者告诉某个员工，他在与客户进行电话沟通时缺乏销售意识，常常被客户牵着鼻子走，因此员工需要改进沟通模式，应该学会在沟通中掌握主动权，为此，在电话沟通前，应该充分做好资料准备，对于客户可能提出的每一个问题也试着给予有助于销售的回答。这一建议，对于提高员工的签单量当然是有帮助的，但是员工常常会在今后的工作中依然如故，因为，缺乏时效的反馈往往弱化了员工改正的动机。

以此来看，年度绩效评估往往流于形式，属于投入与产出严重不成比例的考核方式，因此，难以起到改善员工行为的作用。问题出现的时机与反馈时间相距的间隔越长，员工越难采取改正措施。所以，管理者不应该在平时工作中积攒员工的优缺点，指望依靠年度绩效评估对员工实行一次全方位的整修。最有效的评估方式是实时进行的，当员工表现良好时，管理者当场给予肯定；当员工的态度和工作方式出现问题时，管理者也要及时对员工进行纠错。

第 10 章

绩效评估是手段，改进才是目的

如果及时地对活动效果进行评价，能强化活动动机，对工作起到促进作用。

——赫洛克

绩效沟通时谈什么

一般来讲，绩效沟通的内容通常包括以下六个方面。

1. 沟通阶段性工作目标、任务完成情况

应对照绩效考评表、岗位说明书和工作计划，就每项工作完成情况进行沟通，主管可以就岗位职责、各项指标的完成情况进行逐项讨论、确定。这主要是对员工过去一个阶段绩效考评结果交换看法，以寻求达成共识。

2. 沟通完成工作过程中的优良表现

主要是挖掘下属工作中的闪光点，最好列出具体事例加以证明。这项沟通要求主管注意观察和发现员工在日常工作中表现出的优秀方面，及时给予表扬和奖励，以扩大正面行为带来的积极影响。要做到这一点，主管首先要切实发现员工身上的闪光点，如一些不是员工职责范围内的事情员工主动去完成，对待工作完成结果超出标准或预期很多等。但要注意不要表扬一些不值得表扬的行为，如员工应该做到的事情。其次要注意表扬一定要具体，表扬的内容要以事实为依据，态度要明确。

3. 指出需要改进的地方

应针对具体问题，明确指出员工工作过程中哪些地方做得不到位，哪些地方还可以提高。请员工本人分析存在问题的原因，描述下一步该如何克服和改进，同时提出自己的建议。

4. 描述公司领导或他人对下属工作的看法和意见

对正面的反馈，一定要及时告知员工具体表扬人和内容，并向员工为部门挣得的荣誉表示感谢。对于负面的反馈，可以转述反馈的内容，根据不同情况（事实严重程度、员工个性特点等）确定是否需要说明反馈部门或人员。询问员工对反馈意见的看法，帮助制订改进措施，或和员工一起向有关部门解释原因，通报解决方案等。

5. 协助下属制订改进工作的计划

帮助下属对需改进方面制订措施和行动计划，对实施过程中遇到的问题或需要的支持提供指导和帮助。

6. 下一阶段绩效工作目标、计划的制订和确认

要点在于和员工一起讨论、确定工作目标、完成进度表和检查考核计划，让员工对完成的目标、阶段性目标、何时反馈等有明确的认识。

绩效沟通时，如何创造出和谐氛围

一位八十岁的老人去做健康检查。在检查的过程中，老人不断地向医生炫耀，他新婚的妻子真是一位难得的好妻子："我们结婚四个月，你知道她有多么在乎我吗？她无时无刻不需要我，黏得我都感到厌烦了！"

"而且，"老人又说，"她最近还怀孕了，没想到我在八十岁的时候还能体会做父亲的感觉！"

医生静静地听着，不发一言。

“你一定很羡慕我吧？”老人得意扬扬地问道。

医生抬起头，看了老人一眼。

“这让我想起了一位失散多年的朋友。”医生缓缓开了口，“他曾经跟我说起过他在非洲狩猎时的一段奇事。有一天，他在草原上遇到了一头狮子，他立刻准备从背上摘下枪来瞄准，然而他突然想起自己根本没有带枪，他只是拿到了一把雨伞。这时，狮子已经站在了他的面前，眼看着就要扑过来。他灵机一动，把雨伞扛上肩，用尽全身的力气大喊三声：‘砰！砰！砰！’”

“后来怎么样？”老人急忙问道。

“后来狮子竟然倒下了，死了。”

“这怎么可能？”老人大叫，“那一定是别人干的！”

“我也这么想。”医生沉着声音说。

这个故事读起来很好笑，笑完会发现医生的沟通艺术很值得管理者学习。管理者在与下属沟通的时候，如何能在开口的头几分钟内就创造和谐的沟通氛围，对于是否能达到预想的沟通效果起着决定性影响。

绩效沟通是绩效管理的核心，是指考核者与被考核者就绩效考评反映出的问题，以及考核机制本身存在的问题展开实质性的面谈，并着力于寻求应对之策，服务于后一阶段企业与员工绩效改善和提高的一种管理方法。企业的绩效管理如果缺乏了有效的绩效沟通，那么，企业的绩效管理就不能称为有效的绩效管理，至少在某种程度上讲是不完整的绩效管理。由于员工常常对绩效考核存在偏见，认为这是企业用于整治员工的一种手段，考核的结果会对员工在企业的地位造成威胁。因此，当得知管理者要与自己进行绩效沟通时，员工常常持有不情愿的态度，像面对灾难一样产生抵触感，他们不愿意接受管理者的信息，以防御的心理倾听管理者的讲话，甚至琢磨着该如何反驳管理者的判断。如果秉持这样的心理，沟通便成了一个对抗与反对抗的过程，双方难以实现真心实意的和谐交流。

关于如何改善沟通的效果，“欧弗斯托原则”为管理者提供了有益的借鉴。该法则由英国心理学家E.S.欧弗斯托提出，他认为，说服一个人的时候，开头就让他不反对，实在是最要紧的事。

管理者在与员工进行绩效沟通前，应该有一个感情互动的过程，管理者应以员工的利益为立足点，向他们阐述这样一种意识：绩效考核并不是企业监控员工的一种手段，考核的目的是提升企业整体的业绩，企业只是以负责的意识谋求员工自身职业生涯的发展，在考核的过程中，员工被视为企业的资源，企业致力于员工能力的深度发掘和培训，借助考核结果，通过实施一些修正措施使其达到增值的目的。管理者便是这个任务的执行者，在沟通时，他并不是以企业代言人的身份对员工进行核查、质询、评价，而是针对员工如何改进自己的工作行为，与其进行交谈与协商。

增加预热的步骤有助于平复员工的抵触情绪，当员工的情绪与管理者产生共鸣后，在随后的沟通过程中，便能够减少沟通的障碍，使员工自发地进入倾听与交流的情境。

绩效沟通要触及实质问题

约翰发生了交通意外，医生为他的腿打好石膏后，特意嘱咐他：“一定不要拆掉石膏，一定不要下楼梯。”

三个星期后，医生到约翰家为他复诊，约翰问医生：“我什么时候才能下楼梯？”

“难道你非要下楼梯吗？”

“是啊！您不知道，这三个星期爬下水道可把我累坏了。”

如果管理者只是泛泛地告诉员工表面信息，而没有告诉他表面信息所传达的真正用意，员工很可能只接受了表面信息，却无法明白管理者的真正用意。

绩效沟通是绩效管理的核心，是指考核者与被考核者就绩效考评反映出的问题，以及考核机制本身存在的问题展开实质性的面谈，双方积极地寻求应对之策，力争通过改良使企业与员工的绩效得到改善和提高。妥善有效的绩效沟通有助于帮助员工优化后一阶段的工作绩效，提高他们的工作满意度，从而达到推动企业整体战略目标的实现。然而，由于绩效沟通常常涉及员工工作中一些不太完善的地方，在沟通时很可能引起员工的内心不快，管理者便没有给予绩效沟通应有的重视，有时候只是泛泛而谈，做一些表面文章后，便匆匆结束了绩效面谈。比如，在与员工就绩效考核的结果沟通时，管理者只是泛泛地说一句："你前一段时间的工作表现很好，但仍努力不够，还有很大的发挥空间，公司很看重你，今后要更加努力啊！"上面的交谈几乎就是无效的绩效沟通。因为，员工无法从沟通中获知自己工作中存在的真正问题，欠缺是来自工作能力方面还是来自工作态度方面，以及对于今后该如何改进也模糊不清。如果管理者能针对性地指出员工在工作的及时性方面需要改善，员工才能知道是自己的工作效率出了问题，通过一些途径去改善这个问题。

在进行绩效沟通前，管理者应先全面解读绩效考评结果，只有认真全面地解读了绩效考评结果，管理者才能在绩效面谈时触及沟通的实质问题，使绩效考核结果发挥出改进员工行为的效果。解读绩效考评结果需要明确如下四个问题的答案：

（1）员工应该做什么；

（2）员工已经做了什么；

（3）员工为什么会得到这样的考评结果；

（4）员工应该朝什么方向改进。

完成上述步骤后，管理者在面谈时才能有的放矢，使员工真正知道自己过往的哪些行为得到了领导的肯定，哪些方面还需要改善，以绩效考核结果所反映出的信息为参考标准，进而修正今后的工作细节。

沟通是绩效评估的核心

拓达公司是广东一家著名的化工企业。2000年10月，该企业在某顾问单位和人力资源部的共同努力下，设计和引进了一个科学高效的绩效评估系统。该系统包括职务说明书、绩效目标管理卡、绩效考核体系、薪酬和发展系统四部分。然而该系统在实施过程中，人力资源总监却遇到以下几个问题：虽然整个系统非常科学和实用，但领导仍然反映不知道如何对部属进行迅速、合理和真实的评估；每当考核完毕，被考核人经常以结果不公平为由，直接向人力资源部申诉，要求公平和公正，搞得人力资源总监疲于应付反而影响了其他工作；一部分员工质疑绩效评估：绩效评估是不是就是烦琐的填表和交表，是不是就是为了找员工的不足与缺陷，领导对评估结果的描述和运用简单而且缺少变化，让部属感到无所适从或不被重视；领导认为考核过程太烦琐，耽误很多时间。

一个绩效评估系统在单位人力资源管理实践中能否成功，有两个关键环节：一是开发和设计，这决定了系统本身的科学性和实用性；二是实施过程，这决定了科学实用的评估系统能否真正发挥其作用。拓达公司出现上述问题说明系统本身并不存在问题，原因在于该系统在实施过程中，相关人员对系统本身认识不足和方法不当。

绩效评估是一种防止绩效不佳和提高绩效的工具，这是由上级和员工以共同合作的方式来完成的。这就需要上级和员工之间进行持续不断的双向沟通。通过沟通，使员工对既定的工作职责、员工的工作对单位实现目标的影响、员工和上级之间应如何共同努力达成共识。所以整个绩效评估的核心工作就是沟通。单位一旦引进绩效评估系统，则意味着对管理进行了一次革命，即由领导对部属单向的领导和控制工作转向双方真正的合作，这是有效实施绩效评估的前提。

拓达公司应该从以下几个方面着手解决绩效评估系统实施过程中的问题。

（1）改变领导和员工的观念。第一，绩效评估系统的运行效果如何，除了跟系统本身有关外，更重要的还在于实施过程和执行力度。第二，许多领导和员工认为评估就是在月末、季末和年末针对过去的表现和业绩进行的管理行为，而实际上通过评估，对被评估者的能力提升和职业生涯规划会起到更有效的推动作用，并进一步促进管理规范和提高组织绩效。这是实施绩效评估系统的真正目的和意义所在。因此，领导和员工不应把实施绩效评估系统看作一种负担，而应当看作一种先进的管理方式。

（2）设置三级评估体系。即被考核人进行自我考核和由直接领导进行评估的同时，又受到绩效评估委员会的审核和监督，并且整个执行过程是一个被考核人始终与上级领导相互沟通、上下级之间相互交换意见的过程。这保证了评估过程和结果的公平性和公正性。例如，如果直接领导的评估结果欠公平或偏离事实时，绩效评估委员会可通过审核监督来进行调整。

（3）建立绩效评估投诉制度。一般来讲，由领导、人力资源领导和外聘的人力资源顾问共同成立绩效评估委员会，由单位领导直接领导，主要职责是领导和指导绩效考评工作，听取各部门领导的初步评估意见和汇报，纠正评估中的偏差，有效控制评估尺度等。这为绩效评估的客观公正提供了进一步的保障。绩效评估结果对员工的薪酬和发展问题将会产生重大影响。如果部门的领导或直接领导在评估时对部属的打分程度有偏差，可退回重新评估；当员工对评估结果有争议时，可提出申诉由委员会调解仲裁，达到客观公正。有了严格的投诉制度和委员会调解仲裁，人力资源总监就可以避免疲于应付的局面。

（4）实施大规模的绩效评估培训。这通常由人力资源部负责，领导和员工共同参与来完成。一般从四个方面实施培训。

第一，使领导和员工认识绩效评估系统本身。对领导而言，通过评估，可以不必介入到所有的具体事务中；通过赋予员工必要的知识来帮助他们进行合理的自我决策，从而节省领导的时间；减少员工之间因职责不明而产生的误解。对员工而言，通过评估，可以得到有关他们工作业绩情况和工作现状的反馈；帮助员工搞清楚他们应该做什么和为什么要这样做；使员工具有进行日常决策的能力。

第二，培养责任感。绩效评估是一项从单位总体战略着眼，本着提高单位整体业绩为目的，从员工个人业绩出发，对员工和整体进行考核的业绩管理制度。培养领导和员工的责任感是有效实施的必要条件。

第三，掌握绩效评估的技巧和方法。一个完整的绩效评估系统，会涉及许多种评估方法，以及相应的评估技巧。通过培训，使领导能制订出部属的工作要项和工作目标，了解绩效评估方法、程序和评估标准，如何做绩效评估面谈及相应的技巧，如何制订绩效改进计划；如何实施对部属的辅导。

第四，做好领导和员工的工作，使其认识到绩效评估规范管理和提高绩效的最佳方法。绩效评估是一件复杂和细化的工作，所以许多领导和员工认为评估过于烦琐，耽误工作时间。而事实上，如果绩效评估系统运行了2～3个周期以后，考评双方会发现通过上下级之间的业绩目标合作，可以实现更有效的工作授权；通过考核中的监督和指导，可实现领导对部属的工作指导；通过沟通，可以找出工作中的优点、差距，有效确定改进方向和措施。绩效评估使管理工作变得简单和高效。这需要通过外聘人事顾问和内部人员的大量沟通来实现。绩效评估实践对领导和员工也会产生重大影响。

拓达公司在上述思路和方法的指导下，顺利实施了该绩效评估系统，实现了预期的效果，相信对大多数企业具有借鉴意义。

反馈工作结果，会让员工更关注结果

一个男孩给陈太太打电话——

“您需不需要割草？”

“不需要，我已经雇用了割草工。”

“我会额外帮您拔掉花丛中的杂草。”

“我的割草工也做了。”

“我还会帮你把这些草与走道两边的草修齐。”

“我的割草工已经做了，谢谢你，我不需要新的割草工人。”

男孩挂断了电话，男孩的室友疑惑地问道：“你不就是陈太太的那位割草工吗？为什么还要打这个电话？”男孩告诉他：“我只是想知道我做得有多好！”

员工进行完一个阶段的工作后，往往并不知道自己的工作成效与工作方式是否得到了组织的认可，是否在某些地方需要进行一定的改善，来自组织和管理者的反馈会使员工获得客观认识自己的机会，使他们知道未来该如何工作。

心理学家赫洛克做过一个关于反馈的著名实验，他将试验对象分为四个组：第一组为激励组，每次工作后都对成员给予鼓励和表扬；第二组为受训组，每次工作后都对存在的问题严加批评和训斥；第三组为忽视组，工作结束后不做任何评价，他们只是听着其他两组或受表扬或受批评；第四组为控制组，他们与前三组完全隔离，每次工作后不给予任何评价。

实验结果显示：最终成绩最差的为第四组；激励组和受训组的成绩则明显优于忽视组；激励组的成绩得到了显著提升，学习积极性也高于受训组；受训组的成绩则有一些波动。

这便是管理学中所说的反馈效应：如果及时地对活动效果进行评价，能强化活动动机，对工作起到促进作用。

运用在绩效管理上，绩效反馈便是反馈效应承担者，它主要通过考核者与被考核者之间的沟通，就被考核者在考核周期内的绩效情况进行面谈，在肯定成绩的同时，找出工作中的不足并加以改进。绩效反馈的目的是：为了让员工了解自己在本绩效周期内的业绩是否达到所定的目标，行为态度是否合格，让管理者和员工双方达成对评估结果一致的看法；双方共同探讨绩效未合格的原因所在并制订绩效改进计划，同时，管理者要向员工传达组织的期望，双方对绩效周期的目标进行探讨，最终形成一个绩效合约。

如何避免绩效面谈对员工的负面心理影响

由于绩效反馈是考核公正的基础，为提高被考核者的绩效提供了保证，同时，还有助于增强企业的竞争力，因此，管理者应及时与被评估者进行绩效面谈，让员工了解上个考核周期中的考核结果，以改进自己的工作效率。有的管理者不愿与员工进行绩效面谈，认为让员工得知自己的考核结果，将会增加他们的心理压力。然而，如若员工对于自己的评估结果一无所知，利用绩效考核改进员工工作行为的目的便成了泡影。

为了避免绩效面谈对员工所产生的负面心理影响，管理者在进行有效的绩效面谈时，可以参考如下五个方面的建议。

（1）面谈前做好充分的准备，了解员工的基本情况，确定面谈的目的，以备驾驭整个反馈面谈的过程。

（2）创造良好的面谈氛围，与面谈者建立融洽的关系，通过运用“我们”类的措辞增进彼此的相互信任。

（3）一定要肯定员工的成绩，采用“三明治”的方法告诉员工绩效考核的结果。“三明治”的精髓浓缩在三个阶段中：先肯定员工的成绩，希望他们的优点在今后的工作中继续发扬；然后，指出他们在工作中存在的不足，顺便告知绩效考核结果；最后，说一些鼓励的话，表示对其充满信心，希望被考核者再接再厉。

（4）对事不对人，面谈的过程中要强调事实，尽量避免主观评价，避免高高在上地训导，最好不要使用类似于“你应该如何”和“你不应该如何”的句子，而是侧重思想、经验的分享，多用这样的措辞“我当时是这样做的”。

向员工反馈绩效结果的方法

“小王，我对你的工作态度不满意。前天开员工会议时，你迟到了半个小时，而且还告诉我，你还没看过我们正在讨论的报告；昨天，你又说家里有事，提前1小时就下班走了……”

“老张，你对我们的客户科尔公司所做的工作让我很满意。上个月他们在我们公司的购买总额提高了20%；几天前，我接到丹·菲利普先生打来的电话，称赞你对于产品规格的变化回答得极为迅速……”

正是因为经理针对具体行为进行了反馈，小王不但心服口服，接受了批评，而且很快改正了这些缺点，而老张也继续保持了这些好的方面。相反，如果只是笼统地说：“小王，你的工作态度很不好。”“老张，你的出色工作给我留下了深刻的印象。”那效果就会大为逊色了。小王可能并没有意识到自己的不足，对你的话会感到摸不着头脑而弄得精神紧张，而老张则可能会对经理的考评不以为然，缺少那种现实的激励。

总之，在进行反馈的时候，有一点非常重要：根据员工的具体行为，明确指出他到底“错”在何处，而又“好”在哪里。

只作考评而不将结果反馈给被评估者，考评就失去了它的激励、奖惩和培训的特有功能。反馈的主要方式就是绩效面谈，因为只有通过绩效面谈，才可能让被评估者了解自身绩效，强化优势，改进不足，同时亦将企业的期望、目标和价值观一起传递，形成价值创造的传导和放大。

与员工面对面地进行绩效评估的方法

和员工面谈之前，你应该有充分的准备，如果对所谈的问题和你自己的情绪没有绝对的把握的话，千万别急着开场。与员工见面之前先把下面这些问题考虑好：你认为可以接受的最起码的行动是什么？有没有其他的解决办法？你希望对方何时得到改进？

面谈时应尽量避免分心和被别人打扰。把办公桌上和脑子里一切与评估无关的东西通通清理掉，挂断电话，关上房门。让员工感觉到，你十分重视这次面谈。确信自己已阅读了所有必要的资料并备好待用。

谈话开始时你可以先随便聊聊，营造一个宽松的气氛有利于进一步的沟通和交流。你们要面对面地交谈，最好不要隔着办公桌谈话。这样你就可以通过肢体语言告诉对方：你们属于同一个集体，正在努力解决共同的问题。

谈话前可以把需要讨论的内容用标题的形式简单地列出来，以便让员工做到心里有数。首先向员工说明一下谈话的原因和你所做的安排。一定要让员工明白每个员工都将和你进行这种谈话，因为这是你和他们工作的一部分。

如果你在做上述说明时员工有什么问题，你应该马上给予答复，让员工明白你愿意回答他所提出的问题并且理解他提出这个问题时的心情。对员工关心的问题应给予明确的答复，然后听听员工对此的意见。如果你觉得员工对你的答复表示满意，你就可以开始下一步了。

了解员工的想法，进而达到相互理解，这样做是至关重要的。这样做等于向对方表明，你很愿意听听他的心里话。你可以因此而激发员工的工作热情。由于员工有这样一个机会说出自己的问题和担忧，在接下来的讨论中，你们之间就不会产生误会。你可以把员工的这种表白当成一种预警系统，通过它，你可以做到有先见之明。因此，一开始你就应该先请员工发表意见，这样你就与员工建立了一种能够交换意见的友好关系，这对接下来的谈话是有利的。记住，你是在请员工谈论他们喜爱的话题——自己。

在对员工进行评估之前，你应该认识到与员工讨论他的工作表现最容易使他产生抵触情绪。因此，你应该先弄清楚员工都有哪些难以对付的行为，以便找到有效的对策。

难以对付的行为之一就是对立情绪。这对领导而言，是时常会碰到的事情，有些员工常常会情绪激动，甚至气急败坏。对此，你要能沉住气，最重要的是要理解人，你需要用事实来说话，但要注意方式。比如你可以先让员工发泄不满情绪，然后再向他说明道理，引导他改正。

询问员工你能为他提供什么帮助。你也许不愿意问员工这个问题，因为：

（1）这问题有危险。

（2）你觉得结果会很糟。

（3）你认为应该是员工，而不是你来提出这个问题。

但是你应该问这个问题，因为：

（1）员工听了心情好。

（2）员工会告诉你这个领导当得如何。

（3）你会得知大伙儿在谈论些什么。

（4）你将得出正确的看法。

（5）也许可以使员工提升工作业绩。

（6）将有利于你和员工统一行动。

在对员工进行业绩评估时，你应该完成这样一个任务，那就是当员工需要做出决定时，你应该根据自己的经验给他们提出一些建议，让他们能够有所选择。员工也许没有你那么清楚，所以你应该提供帮助。

接下来是评估工作的实质性阶段：通过对业绩进行评定，综合各方面的因素，得出有益的评估结果，并顺利地传达给员工。

记住，只有员工完全明白了你对他们的要求，他们才能遵照执行。另外，你一定要让他们意识到不按要求做的后果。只有做到这一点，你对员工的工作说明书进行仔细分析，与他们讨论他们的工作职责、工作要求和工作成绩才能有效果。

问问你自己，这次业绩评估你给员工提出的目标是否应该在数量上加以限制。一次谈话员工能够接受多少批评意见呢？在半年或者一年内就要求员工在诸多方面取得进步也许期望太高。然而，你应该清楚员工到底能够取得哪些成绩，并请员工做出相应的承诺。

计划一下，看你打算如何帮助员工认识提高工作业绩的必要性。服从并不等于接受，而只有接受，只有员工自己表示要改进自己的工作，你才能得到最满意的结果。

那么，怎样改进才能有效呢?

（1）让员工自己制订具体的改进计划。

（2）把改进和改正区分开来。改正是改变总目标，改进则是朝着正确的方向迈进。

如果员工的工作仍然没有起色，或者该员工缺乏改进自己工作的能力或愿望，那你可以和他最后谈一次，给他最后一次机会，如果还是不行只好让他离职。

接下来，再来看看那些工作出色但却不能获得提拔的员工。这些员工分为两种：一种是明明知道但却接受得不到提拔的现实；另一种是对此一无所知或者不肯接受。每个公司都有应该提拔却不予提拔的员工。

出于多种原因，工作出色并不一定就能得到提拔。对于那些不可能得到提拔的员工，你必须把他们的工作目标讲清楚。落实以下几点。

（1）有什么方法可以让这些员工继续出色地工作？这些员工需要你不断地进行加油鼓劲。

（2）用什么来激励这些员工？这需得看他们最近有什么要求没有得到满足。

（3）有什么具体的措施可以激励这些员工？时常委以重任，适当放权给员工。

（4）你怎样丰富他们的工作内容，让他们承担更具挑战性的任务？与授权不同，这种工作内容的变动是永久性的，别人在工作中会碰到，我们自己在工作中也可能碰到。

（5）能不能鼓励他们多参与管理，让他们参与更多的决策?

（6）他们有没有能力辅导其他员工？要认识到，传播知识对公司的成功是一种重要的贡献。

相对来说，与工作出色而且又将得到提拔的员工谈话就容易得多，但不应该承诺他们一定能得到提升。现在你的任务是注重他的新工作，而不是他的现实表现。反复向他说明尽管他将承担新的工作，但他现在仍然要像原来一样努力工作，新的工作只会让人干得更出色。

听听员工以后有什么实际打算并与他共同制订未来的规划。员工可能的发展举措包括：

（1）现行工作的开展。

（2）个人培训。

（3）对新岗位或新职位的打算和安排。

（4）业余时间的打算。

（5）专题讨论会、学术会议、工作会议。

（6）自我发展和自学计划。

（7）大学进修和攻读学位。

无论员工表现好坏，能否得到提拔，与他谈话时你都可以参考以下行为准则。

（1）以你的工作日志和评估表为准。

（2）从优点说起。

（3）尽量使你的分析与员工的自我鉴定统一。

（4）谈话时随时停下来倾听员工的意见。

（5）了解员工对你的分析有何意见。

（6）员工对你的评估提出意见之后，你给予反馈和解答。

（7）做不到的事就不要答应对方。

执行工作改进计划。评估进行到这个阶段，你可以确认以下几点：

（1）在规定的时间内员工应该完成的具体任务。

（2）在同一时间范围内你具体应该完成哪些工作，以帮助员工改进工作效果、克服困难和障碍。

接下来，你应该将你们商量好的计划制成文件，以便双方遵照执行。计划应该包括：

（1）员工得到改进所必须完成的具体工作。

（2）你帮助和支持员工所要完成的具体工作。

（3）为了使员工工作顺利，更令人满意，更有发展前途所要做的具体工作。

所列出的以上具体任务应该成为你们工作的重点。另外，该计划应该包括长期目标和短期目标。你们还应该制订一个行动计划，并把其划分为可行的具体步骤。

您可以按以下办法制订行动计划。

（1）询问员工愿意承担什么工作。

（2）你想让员工承担何种工作，请员工提出补充建议。

（3）与员工商定他首先要做的工作。

（4）询问员工你能如何帮助他。

（5）你觉得能为员工做些什么，请员工提出补充建议。

（6）与员工商定你所要做的具体工作和完成的时间。

（7）记录、整理成文件。

对低绩效员工，不宜心慈手软

一架拖车行走在高速公路上，车上载着一条狗、一头猪和一匹马。

不料，拖车失控，整个翻倒在地，狗、猪、马和司机同时被抛出了拖车。一会儿，一名警察赶到，他首先看见了那只狗，摇摇头说："脖子断了，太可怜了。"于是掏出枪把它杀死。接着他又见到了那头猪，见到猪的脊梁骨都碎了，又掏出枪把它杀了。随后，他又见到了那匹马，看到马的四条腿骨头都折断露了出来，摇摇头又把马杀了。这一切都被司机看得真真切切。最后，警察发现了司机，走过去，问：“你感觉怎样了？”只见司机强撑着站起来说：“我从来没有感觉如此良好。”

警察杀死动物的行为虽然残忍，但是面对组织中的低绩效员工，管理者却需要具备警察这种当断则断的魄力：当低绩效员工无法在管理者的指导下改善工作效果时，管理者即使心有不忍，也只能对其实施解雇。这不仅有助于提升公司的人力资源素质，还会使其他员工引以为戒，防止其他员工的怠工行为。

一个非常遗憾的事实是，组织中总会存在一些低绩效员工，他们无法履行职能范围内的义务，不能按照组织的要求按质按量完成自己的工作，他们的表现既削弱了团队的整体实力，糟糕的表现也使客户对公司产生不好的印象。面对这些员工，虽然深知他们拖了组织的后腿，但管理者往往容易表现出心慈手软，忧于就绩效问题与他们进行沟通。但是组织作为一个系统，任何一个环节的缺失都可能导致系统运转的失败。比如，某个员工在客户服务方面能力欠佳，结果正好一个重要客户是由这位员工接待的，其结果可想而知，客户因为这个员工而迁怒于整个公司，从而放弃了与公司的合作。因此，管理者对绩效低的员工心慈手软，往往会后患无穷。

当然，明白地告诉某一名员工，他的工作表现达不到组织的要求是一件尴尬的事情，很可能造成员工的心理压力，使员工产生被组织驱逐的心理。但事实是，这确实是管理者的工作职责，如果想成为一名合格的管理者，这便是他避之不及的工作任务之一。管理者只有把员工的工作结果反馈给他，并提出组织明确的绩效期望值，才会使绩效低的员工改进自己的行为，不会成为实现组织绩效的逆反力量。

不过，对于绩效低的员工，解雇并不是唯一的解决方案。员工无法胜任目前的工作，并不意味着他不能有效地完成其他的工作，管理者可根据员工的能力与兴趣，为其进行部门调换。有时候低绩效的原因，并不在于员工的能力素质，而是组织把人才安排在了不合适的工作岗位上。

如果管理者多次就低绩效问题与员工进行了沟通，并对他如何改进自己的行为提出了指导性意见，但员工仍然一意孤行，对管理者的建议置若罔闻，甚至产生抵触情绪，管理者只能执行下下之策：解雇绩效低的员工。因为绩效低的员工的如此表现，不仅使他自身的工作无法有效完成，还会使其他员工产生不公平的心理，影响他们的工作积极性。

管理行为确实有时候会比较残酷，但“以结果为导向”的考核理念注定了这种竞争规则：企业作为营利性机构，只能对那些绩效低的、无法与组织目标一致的员工说：“不！”

当员工要求加薪时，要和他谈绩效

员工：“经理，我能不能请求您，研究一下给我增加工资的问题呢？不久前我结婚了……”

经理：“非常抱歉，公司不能承担业余时间发生在员工身上的不幸事件。”

员工提出加薪的要求本来无可厚非，但在要求加薪的时候，首先要提供一个能够说服上级的理由。

关于是否为员工加薪，某些人性化的企业确实会考虑员工的实际生活需求，但加薪的标准更多地根据绩效考核的结果而定，如果员工能从绩效的方面陈述加薪或者晋升的要求，一般会增大与企业谈判时胜算的机会。

绩效考核，又称成绩或成果测评，是企业为了实现生产经营目的，运用特定的标准和指标，采取科学的方法，对承担生产经营过程及结果的各级管理人员完成指定任务的工作实绩和由此带来的诸多效果做出价值判断的过程。

绩效考核起源于西方国家文官（公务员）制度，英国是最早的践行者。英国在实行文官制度的初期，文官主要凭借资历而晋级，造成了不论工作优劣，所有的人一起晋级加薪的局面，结果导致政府部门冗员聚集、办事效率低下。1854年至1870年，英国对文官制度进行了改革，建立了一种注重才能与工作表现的制度。按照这种制度，文官统一实行按年度逐人逐项进行考核的方法，根据考核结果的优劣，实施奖惩与否和职位的升降。考核制度的实行，充分地调动了英国文官的积极性，从而大大提高了政府行政管理的科学性，增强了政府的廉洁与效能。此后，这种制度渐渐传到其他国家。美国于1887年正式建立了考核制度，很多国家对英国的考核制度进行了效仿和借鉴，不久，各种各样的文官考核制度遍地开花，极大地提高了政府的效能。各个国家实行的考核制度有一个共同特征：即把工作实绩作为考核的最重要的内容，同时对德、能、勤、绩进行全面考察，然后根据工作实绩的优劣决定公务员的奖惩和晋升。

文官制度的成功实施，使得一些企业也将其应用在日常的管理活动中，开始在企业内部实行绩效考核，试图通过考核对员工的表现和实绩进行实事求是的评价，同时，也了解组织成员的能力和工作适应性等方面的情况，并作为奖惩、培训、辞退、职务任用与升降等实施的基础与依据。

第一时间惩处违纪行为

查票员巡车查票，威尔逊先生才发觉忘记带车票，他对查票员说：“我不是故意逃票的，你看，我这张诚实的脸就是车票了。”

“请您把脸伸过来吧，我的职责是在车票上打个孔。”

如果威尔逊先生第一次逃票的行为得到了查票员的通融，威尔逊很可能在以后乘车的过程中总是忘带车票，甚至导致其他乘客同样忘带车票，这种现象可以从“破窗效应”理论中找到合理的解释。

美国斯坦福大学心理学家菲利普·辛巴杜在1969年进行了一项实验，他把两辆一模一样的汽车停在了不同的社区，一个社区是加州帕洛阿尔托的中产阶级区，另一个则是治安相对不太好的纽约布朗克斯区。停在布朗克斯的那辆，他特意摘掉了车牌，打开了顶棚，结果不到一天，汽车就被偷走了。而停在帕洛阿尔托的那一辆，一个星期后仍然完好如初。后来，辛巴杜用锤子把那辆车的玻璃敲了个大洞，结果仅仅过了几个小时，汽车就无踪无影了。

根据这个实验的结果，政治学家威尔逊和犯罪学家凯琳共同提出了“破窗效应”理论，认为：如果有人打坏了一幢建筑物的窗户玻璃，而破损的窗户又得不到及时的维修，别人就可能受到某些暗示性的纵容去打烂更多的窗户。久而久之，这些破窗户就给人造成一种无序的感觉。结果在这种公众麻木不仁的氛围中，犯罪就会慢慢地滋生、繁荣，势力发展到难以遏制。

“破窗效应”其实是“千里之堤，溃于蚁穴”的另一种阐述。如果公司对第一名迟到的员工没有给予任何惩处，其他员工不想按规定时间上班的心理便得到了纵容，导致公司的考勤制度形同虚设，员工逐渐对迟到持以理所当然的态度，结果便会有越来越多的员工不会在规定的时间坐在自己的工位上。长此以往，员工也会渐渐地对公司其他的管理制度熟视无睹，使管理者难以对员工行为进行纠错，彻底把组织推向无序的境地。

制度化管理以执行为前提，即使对于员工那些个别的、轻微的小错误，管理者也不能掉以轻心，只要行为触犯了公司的核心价值，管理者便应该根据制度的条例依法处理。如果管理者没有杜绝最初的小错误、小过失，最终会导致违反制度的行为如“星星之火”，在企业中成“燎原之势”，为企业带来无法弥补的损失。

在日本企业界，有一种叫作“红牌作战”的质量管理活动。日本企业中那些有油污、不清洁的设备都会被贴上具有警示意义的“红牌”，如果办公室和车间卫生欠佳，也会被贴上“红牌”，警示全体员工及时进行改善，以维护一个整洁有序的工作环境。这种活动经过推广后，确实对于保证企业的产品质量起到了非常重要的作用。

第 11 章

做好培训，把庸才变成干将

造物先造人。

——松下幸之助

人才培训是企业的常青之道

每年都有新人进入企业，在各种工作岗位上从事各类任务，几十年后，又退休离开企业。虽然这些人离开了，他们所在的公司仍然会留下来，在社会中继续燃烧着企业生命的火花。

在长久的岁月中继续存在的企业，本身的内容和结构，都会改变。自己当时花费心血所做的事情，早晚都会成为毫无重要性可言的事情。而且，很可能连我们一生在企业所从事的工作，都变得毫无意义。

但是，我们能把一件事永远留在企业里——培育后辈，让他们继续留在企业里。

有一种想法把人、物、金钱等看作是经营的基本条件。这种想法是有问题的。因为它把人看成和物质、金钱同样的东西，都当作是一种经营的手段而已。事实上，经营是因为人而存在的，如果这个人的能力高，就能自由地创造物质和金钱。

现在的经营需要研究开发力，开发市场的能力、生产品质继续进步的能力等各种广泛的能力，以及统合这些能力的力量。而这些能力都是人创造出来的。

而培育人才，就是要把自己永久的生命留在企业里面。想一想：我们共同培育下一代，而下一代重复做我们的工作；这样，自己所用于培育的努力，就会长久地流传下去。

事实上，培育人才就是把自己的生命种在企业中，同时也是一件最重要、最有意义的事情。

在年轻的时候，可能不太能感受到，但是到了某个年龄段，就会产生这种感觉。当大家认为无药可救的人完成标准工作的时候，或是确认出对方想法或行动有改善的时候，以及当自己所培育的人完成了能使企业发展、进步的大事情时，所产生的喜悦之情是任何其他喜悦都无法取代的。

培育人才，就表示要做长期性的脚踏实地努力，而且这件事的成果不一定经常能获得别人好的评价。不过，别人的评价并不是问题，重点在于自己究竟给企业留下什么东西。

注重培养人才，建立人才储备

对于企业管理者来说，重视发现和选拔人才相当重要，同时在发现和选拔人才后的人才培养和管理也是相当重要的。因为人才不是天生的，而是在后天的环境中慢慢养成的。人才的诸多素质只有在新的岗位上才能够得到体现，因此，企业必须注重人才的培养和管理，为人才施展其抱负创造一个起飞的平台。

有的企业认为企业不是学校，因此只注重人才的使用，而不注重人才的培养。这种观点是大错特错的。主要原因是：

（1）现代社会进入信息时代，新的知识点就像雨后春笋一样层出不穷。从学校学习到的知识，或者从原来就职的企业学到的经验，对现在就职的企业来说有一半以上可能已经过时，因此，企业必须重视对员工的长期培养，这样才能够造就人才，为企业服务。

（2）从学校培养出来的人才，并不一定是适合本企业发展的人才。因此，企业必须通过人才培养来将企业的理念和行为准则灌输到员工身上，进而培养适合企业的人才。

（3）企业就是一个学校，在人才的培养过程中，企业和人才实现了互动，这是有利于企业自身发展的。

人才归根到底是由企业培养的，因为所有的真知灼见都是从实践中总结出来的。一个学校的毕业生只有在社会中才能够实现自己在学校所学知识的价值。

培训员工要具有的态度

为了要成为一位成功的管理者，就必须知道如何训练自己的员工。下面这些就是管理者培训员工必须要具有的态度。

1. 事先应有所准备

培训管理者首先要了解员工曾经接受过哪些训练，以及有哪些工作经验，还有对他过去所负的责任也要透彻了解，这样才能借助过去的经验来帮助接受新的训练。如果把他们已知及未知的事情混合在一起教的话，会提高学习速度。另外，训练场所及其所需要的设备，也一定要在员工报到之前准备妥当。在训练开始时，一定要先分配简单的工作给受训者做，这样才能尽快让他们感觉到自己是这个团体的一分子。

2. 多关怀他们

训练之前可与受训员工闲聊几句，问问他们上班搭车或开车方便吗、搭乘什么交通工具来的，再问问他们有什么需要帮助的地方，并将放假、请假的有关规定一并告之。此外，还要指派某人或自己作为员工的“监护人”，不管是公事上或私事上的问题都可以请教。

3. 让对方随时可以得到帮助

培训管理者在员工整个的学习过程中都要让他们知道你计划多久检查一次，以及要检查什么项目、标准与要求在哪里、期限是什么时候。这样一来，事到临头也不至于惊慌失措。如果员工了解到培训管理者的检查工作只是查看一下工作进度或是提供他们急需的帮助时，他们一定会乐于接受的。有些人即使面临困难都不愿意开口求助，因此培训管理者必须时时观察、处处关心，需要付出更大的关怀与爱心。某些人认为求助于人是一种软弱和愚笨的表现，但另外一些人却视这为主动积极、有工作兴趣的表现，这些都是培训管理者要掌握的事情。此外，要求员工不具名地表达对自己工作的满意程度，倒不失为一个可行的方法，但培训管理者事后一定要对员工的建议事项尽早给予解答，而且要使所有员工都习惯这种做法。

有效培训的七条措施

为了进行有效的指导，应该按照下面列举的内容和顺序去做。但这些项目很多，不可能都记住，因此在进行指导之前，应将所有项目浏览一遍，仔细比较自己的了解程度和实际情况的差距，也可借此明白自己的能力。

1. 消除障碍

（1）排除不安的感觉。

（2）消除紧张的情绪，使之毫无顾虑。

（3）创造有效培训的环境。

2. 促进积极的态度

（1）引起兴趣、关心、欲望。

（2）培训的结果，体现在最后收获的效益上。

（3）明确目的。

（4）与最近的经验、印象联结起来。

3. 学员中心的指导

（1）从知道的事情过渡到不知道的事情。

（2）展示整体，然后进行部分，最后汇总。

（3）考虑学员个人能力的差异。

（4）用学员水平的语言讲话。

（5）使学员弄清道理、加深了解。

（6）适合学员的理解能力。

4. 实际性指导

（1）应用实际的例子，以事实为基础授课。

（2）联系现实工作或问题授课。

（3）尽量让学员亲身体验。

（4）使其辨识谬误。

5. 充分利用学习器官

（1）尽量充分利用五官。

（2）利用联想。

（3）尽可能加深印象。

6. 灵活运用成功感（必胜信念）

（1）从开始便教授正确的事情。

（2）一次教一件事。

（3）对学习表现优秀的，给予表扬。

（4）对学员的努力，应给予鼓励。

7. 反复练习

（1）让学员活学活用、反复练习。

（2）消除反复练习的障碍。

（3）为了达到预期的目的，尝试各种方法进行培训。

有效培训的四个阶段

“明星运动员未必会成为名教练”，成功的管理者如何培训自己的下属也走向成功，是值得学习的。下面介绍的是培训和指导员工的正确方法和步骤。

1. 说明阶段

可以这样说，说明阶段是让其进行心理准备的阶段。培训管理者应该用种种方法使员工心情舒畅。并就自己分配的工作，或由此而产生的问题进行详细的说明。开发能力就是使其明白价值的大小，并对今后的学习感兴趣。

那么说明阶段的作用就像推销之前所做的引导性宣传一样。引导的成功与否，决定着推销工作的命运。同时，说明阶段，也正是做好培训工作的关键。

2. 提示阶段

这里说的提示，是指认真讲解。提示对员工来说是十分重要的，同时要结合实际予以示范。若以推销为例，则相当于洽谈的开始。这时，必须注意的问题是果断地按正确顺序进行。不要教授对方无法接受的内容，这也是相当重要的。

3. 实习阶段

这个阶段，是以主管提示过并已明白的问题为基础，让员工亲身行动。等于是推销工作中的样品展示阶段。此时应注意的问题是注重基础训练，并使员工养成独立思考的习惯。

4. 检验阶段

这是检验员工的理解能力和工作能力的阶段。即检验商品知识掌握到什么程度、实际销售能力提高多少。如尚有不足，应进行追加指导。就推销工作而言，检验阶段相当于它的签订售货合同阶段。

员工培训十大成功要素

清晰——准确的信息交流。

支持——时刻与员工站在一起，并支持他们的工作。

树立信心——激励和保持每名员工的信心。

团队意识——没有个人的输赢，只有团队的荣辱。

立体观察——关注企业整体利益。

冒险——鼓励创新，避免处罚，在实干中提高。

耐心——避免短期行为，着眼于长期的工作成绩。

投入——积极地了解员工，知道他们的动力所在。

保密——为每个员工严守秘密，彼此之间相互信任，形成一个和睦的团队。

尊重——高度重视团队每名员工的言行。

员工培训的六个陷阱

下面所列的六个“陷阱”都会挫伤员工的积极性，千万要避免：

（1）颐指气使而不是心平气和地与员工交谈；

（2）过分夸大事态或者行为；

（3）不是就事论事，而是上纲上线；

（4）设想你的员工知道问题以及答案；

（5）从不检查工作进度；

（6）不鼓励员工进步。

迪士尼公司的培训之道

世界上总共有6个迪士尼乐园。经营乐园，并不是希望客人只来一次。如果今天一对夫妇带孩子逛乐园，这孩子长大了以后会再来吗？她（他）会带她（他）的男朋友（女朋友）再来吗？将来，她（他）还会带自己的孩子再来吗？如果回答是肯定的，这才叫作引客回头。东京迪士尼为了赢得回头客，在这个问题上动了脑筋。

到东京迪士尼去游玩，人们不大可能碰到迪士尼的经理，售票和检票的工作人员也许只会碰到一次，碰到最多的还是打扫卫生的清洁工。所以，东京迪士尼对清洁员工非常重视，将更多的训练和教育集中在他们的身上。

东京迪士尼的清洁员工中有的是暑假工作的学生，虽然他们只工作两个月时间，但是接受培训要花三天时间。

1. 学扫地

第一天上午要培训如何扫地。扫地有三种扫把：一种是用来扒树叶的；一种是用来刮纸屑的；一种是用来掸灰尘的。这三种扫把的形状都不一样。怎样扫树叶，才不会让树叶飞起来？怎样刮纸屑，才能把纸屑刮得很干净？怎样掸灰尘，才不会让灰尘飘起来？这些看似简单的动作都要严格培训。而且扫地时还另有规定：开门时、关门时、中午吃饭时、距离客人15米以内等情况下都不能扫。这些规范都要认真培训，严格遵守。

2. 学照相

第一天下午学照相。十几台世界上最先进的数码相机摆在一起，各种不同的品牌，都要学会使用，因为客人会叫员工帮忙照相，可能会带世界上最新的照相机，来这里度蜜月、旅行。如果员工不会照相，不会使用相机，就不能照顾好顾客。

3. 学照顾婴儿

第二天上午学怎么照顾婴儿。游客可能会请员工帮忙照顾一下小婴儿，但如果员工动作不规范，不但不能给游客帮忙，反而增添游客的麻烦。抱婴儿的正确动作是：右手扶住臀部，左手托住背，左手食指要顶住颈椎，以防闪了婴儿的腰或弄伤颈椎。不但要会抱婴儿，还要会替他们换尿布。这些都要认真培训，严格规范。

4. 学辨识方向

第二天下午学辨识方向。有人要上洗手间，“右前方，约50米，第三号景点东，那个红色的房子”；有人要喝可乐，“左前方，约150米，第七号景点东，那个灰色的房子”；有人要买邮票，“前面约20米，第十一号景点，那个蓝条相间的房子”……顾客会问各种各样的问题，所以每一名员工要把整个迪士尼的地图熟记在脑子里，对迪士尼的每一个方向和位置都要非常明确。

训练三天后，员工领到三把扫把，开始扫地。如果在迪士尼里碰到这种员工，人们会觉得很舒服，会愿意再来迪士尼，也就是引客回头，这就是所谓的员工面向顾客。

丰田公司的人才培养技巧

世界上优秀的企业都很注重对人才的培养，因为一流的培养造就一流的人才，一流的人才造就一流的企业。

其实人才的培养不仅需要成本，而且需要采用各种人才培养技巧。

日本丰田公司对于一线工人采用工作轮调的方式培养和训练多功能作业员，以提高工人的全面操作能力。丰田通过工作轮换的方式，使一些资深的技术工人把自己的所有技能和知识传授给新人。丰田采取五年调换一次工作的方式来重点培养各级管理人员。每年1月1日进行组织变更，调换的幅度大约为5%，调换的工作主要是本企业的相关部门。对于个人来说，轮换岗位使个人成为一名全面的管理人才和业务多面手。虽然转岗有个熟悉操作的适应过程，会导致生产效率的降低，但从长期来看是有百利而无一害的。员工经数次岗位变动后，已掌握了整个生产流程的操作，熟悉了每道工序的操作规则，这样有益于提高员工的工作技能和责任心，也有利于员工在做自己本职工作的时候为公司其他工作岗位创造方便。同时，经常有秩序地轮岗可对员工造成适当压力，使其有效地发挥工作潜能和积极性，使整个企业保持生机勃勃、蒸蒸日上的积极态势。

IBM的终身教育

IBM的终身教育一直都是很多管理者所推崇的。

在IBM，不论是现职人员，还是临近退休的员工，甚至连已经离开公司的人员都被作为教育对象。对于临近退休的员工或是已离开公司的人员，所进行的教育主要是修养方面的。这样做的目的是提高员工或曾经的员工所必须具备的教养和知识。IBM希望这些退了休或者离了职的员工，无论走到哪儿，都能以他们出色的风采、才能和气质得到如此的评价："这个人不愧曾是IBM的员工，各方面都很优秀。"

IBM作为世界上一流的企业，当然应该有一流的教育培训，也正是因为这一流的教育培训，才使IBM成为世界一流的企业。

几乎所有的管理学者都会赞扬IBM在员工培训方面所取得的巨大成就。通过它的培训，IBM让它的员工成为世界上最优秀的员工；通过培训，IBM为自己打造了一个一流的团队和金字招牌。